Dionysos-dityrambit & Hulluuskirjeet

FRIEDRICH NIETZSCHE

Dionysos-dityrambit

Hulluuskirjeet

Suomentanut
Risto Korkea-aho

Dionysos-Dithyramben ilmestyi 1891.

Kustantaja: BoD – Books on Demand, Helsinki, Suomi
Valmistaja: BoD – Books on Demand, Norderstedt, Saksa
ISBN: 978-952-80-0506-3

Dionysos-dityrambit

Vain narri! Vain runoilija!

Ilmassa seljenneessä,
kun kasteen lohtu jo
alas maahan kumpuaa,
näkymättä, kuulumattakin
– sillä pehmein jalkinein kulkee
lohduttaja kaste lailla kaikkien lohtulempeitten –
sinä muistat silloin, sinä muistat, kuuma sydän,
miten kerran janosit,
taivaisia kyyneleitä ja kastepisaroita
palaneena ja uupuneena janosit,
kun kellervillä nurmiteillä
häijyinä iltaiset auringonkatseet
mustien puitten lomitse ympärilläsi temmelsivät,
häikäisevät auringon-hehkukatseet, vahingoniloiset.

»*Totuuden* kosiskelija – sinäkö?» niin ne ilkkuivat,
»ei! vain runoilija!
eläin, juonikas, rosvoileva, hiippaileva,
jonka täytyy valehdella,
jonka tieten tahtoen täytyy valehdella,
saaliinhimoinen,
kirjavanaamioinen,
itse itsellensä naamio,
itse itsellensä saalis,

tämäkö – totuuden kosiskelija?...
Vain narri! Vain runoilija!
Vain kirjopuheinen,
narrinnaamareitten takaa kirjavia selittelevä,
valheellisia sanasiltoja sinne tänne kapuileva,
väärien taivaitten välisiä
valhe-sateenkaaria
sinne tänne samoileva, hiippaileva –
vain narri! *vain* runoilija!...

Tämäkö – totuuden kosiskelija?...

Ei hiljainen, jäykkä, sileä, kylmä,
kuvaksi muuttunut,
jumalan-pylvääksi,
ei temppeleitten eteen asetettu,
jumalan portinvartija:
ei! moisten hyve-patsaitten vihollinen,
kaikissa salomaissa enemmän kotonaan kuin temppeleissä,
kissan-kujemieltä uhkuen
joka ikkunasta hypähtävä
hus! joka sattumaan,
joka aarniometsää nuuskimassa,
jotta aarniometsissä
kirjavankarvaisten petojen seassa
syntisen terveenä ja kauniina ja kirjavana kirmata saisit,
ahnain huulin,
autuaan-ivallisena, autuaan-helvetillisenä, autuaan-
                              verenhimoisena,
rosvoten, hiiviskellen, *valehdellen* kirmaisit...

Tai niin kuin kotka, joka pitkään,
pitkään jäykkänä kuiluihin katsoo,

omiin kuiluihinsa…
– oi kuinka ne tässä kiertävät alaspäin,
alas, sisuksiin,
yhä syvempiin syvyyksiin! –
Sitten,
äkkiarvaamatta,
viivana liitäen
tanassa kiitäen
karitsoita koppaamaan,
jyrkästi alas, nälänpoltteessa,
karitsoita himoiten,
vihaten kaikkia karitsan-sieluja,
villisti vihaten kaikkea, mikä katsoo
hyveellisesti, lammasmaisena, kähärävillaisesti,
tyhmänä, karitsanmaidon-hyväntahtoisena…

Näin
kotkamaisia, pantterimaisia
ovat runoilijan kaipuut,
ovat *sinun* kaipuusi tuhansissa naamareissa,
sinä narri! sinä runoilija!…

Sinä, joka näit ihmisen
niin *jumalana* kuin *lampaanakin* –,
repiä jumala ihmisessä
niin kuin lammas ihmisessä
ja repiessä *nauraa* –

siinä, siinä on sinun autuutesi,
pantterin ja kotkan autuus,
runoilijan ja narrin autuus!…»

Ilmassa seljenneessä,
kun kuuhuen sirppi jo
vihertää seassa purppurapuuntojen
ja kateissansa hiippailee,
– päivän vihollisena,
joka askeleella vaivihkaa
ruusu-riippumattoja
niittäen, kunnes ne vaipuvat,
alas yöhön kalpeina vaipuvat:
niin minäkin kerran vaivuin
totuus-mielenhoureestani,
päivän-kaipuistani,
päivään uupunut, valosta sairas,
– vaivuin alaspäin, iltaanpäin, varjoonpäin,
yhden totuuden
polttama, janoinen
– sinä muistatko vielä, muistatko, kuuma sydän,
kuinka silloin janosit? –
että minä kaiken totuuden luota
olisin karkoitettu!
Vain narri! *Vain* runoilija!…

Erämaan tyttärien joukossa

1.

»Älä mene pois!» sanoi silloin vaeltaja, joka kutsui itseään Zarathustran varjoksi, »jää luoksemme, – muuten tuo vanha tunkkainen vaiva saattaisi käydä taas kimppuumme.

Johan tuo vanha lumooja kestitsi meitä jakamalla meille pahimmastaan, ja katsohan, hyvä hurskas paavi tuolla on saanut kyyneleet silmiinsä ja purjehtinut taas kokonaan raskasmielisyyden merelle.

Nämä kuninkaat tässä kyllä saattavat vielä näyttää meille maireata naamaa: mutta ellei paikalla olisi todistajia, niin minä lyön vetoa, että sama nurja meno jatkuisi taas heidänkin parissaan,

– vaeltavien pilvien nurja meno, kostean raskasmielisyyden, verhottujen taivasten, varastettujen aurinkojen, ulvovien syystuulten,

– meidän ulvontamme ja hätähuutomme nurja meno: jää luoksemme, Zarathustra! Täällä on paljon kätkettyä kurjuutta, joka tahtoo puhua, paljon iltaa, paljon pilveä, paljon tunkkaista ilmaa!

Sinä ravitsit meitä väkevällä miehenruoalla ja voimakkain sananparsin: älä salli, että jälkiruoaksi kimppuumme käyvät taas hempeät naiselliset henget!

Sinä yksin teet ilman ympärilläsi väkeväksi ja kuulaaksi! Löysinkö minä milloinkaan maan päältä yhtä hyvää ilmaa kuin sinun luotasi sinun luolastasi?

Monenlaiset maat minä sentään näin, nenäni oppi monenlaisia ilmoja kokemaan ja arvioimaan: mutta sinun luonasi sieraimeni maistavat suurimman nautintonsa!

Ellei sitten –, ellei sitten –, oi suo anteeksi vanha muisto! Suo minulle anteeksi vanha jälkiruoka-laulu, jonka minä kerran sepitin erämaan tyttärien joukossa.

Heidän luonaan oli nimittäin samanlaista hyvää kirkasta itämaista ilmaa; siellä minä olin kauimpana pilvisestä kosteasta raskasmielisestä vanhasta Euroopasta!

Siihen aikaan minä rakastin sellaisia itämaan-neitoja ja toista sinistä taivaanvaltakuntaa, jonka yllä ei roiku pilviä eikä ajatuksia.

Ette usko, kuinka kohteliaina he siinä istuivat, kun eivät tanssineet, syvinä, mutta ajatuksitta, kuin pienet salaisuudet, kuin nauhoin koristellut arvoitukset, kuin jälkiruoka-pähkinät –

kirjavina ja vieraina totisesti! mutta vailla pilviä: arvoituksia, jotka antautuvat ratkaistaviksi: sellaisten neitojen tähden minä silloin sepitin jälkiruoka-psalmin.»

Näin puhui vaeltaja, joka kutsui itseään Zarathustran varjoksi; ja ennen kuin kukaan vastasi hänelle, oli hän jo tarttunut vanhan lumoojan harppuun ja ristinyt jalkansa, ja hän katseli tyynesti ja viisaasti ympärilleen: – mutta sieraimiinsa hän veti hitaasti ja kysyvästi ilmaa, niin kuin se, joka uusissa maissa maistelee uutta ilmaa. Viimein hän alkoi laulaa eräänlaisella mölinällä.

2.

Erämaa kasvaa: voi sitä, ken erämaita sisällään kantaa...

3.

Ha!
Juhlavaa!
arvokas alku!
afrikkalaisen juhlavaa!
leijonan arvoista
tai moraalisen mölyapinan...
– mutta ei mitään teille,
te armahimmat ystävättäret,
joiden jalkojen juureen minun,
eurooppalaisen palmujen alla,
on suotu istua. Sela.

Ihmeellistä totisesti!
Tässä minä istun nyt,
lähellä erämaata ja jo
niin kaukana taas erämaasta,
enkä missään vielä tullut erämaaksi:
nimittäin nielaisemaksi
tämän pienimmän keitaan
– se vastikään ammolle
avasi armaan kitansa,
kaikista kidoista hyväntuoksuisimman:
sinnepä sisään solahdin,
alas, lävitse – teidän joukkoonne,
te armahimmat ystävättäret! Sela.

Terve, terve meripedolle tuolle,
jos se vieraallensa näin
soi käydä parhain päin! – te ymmärrättekö
oppineen viittaukseni?...
Terve vatsalle sen,

jos se näin
niin sangen armas keidas-vatsa oli,
sellainen kuin tämä: mitä kuitenkin epäilen.
Sillä minähän tulen Euroopasta,
joka epäileväisempi on kuin aviovaimoset kaikki.
Siitä Jumala parantakoon!
Aamen!

Tässä minä istun nyt,
tässä keitaassa pienimmässä,
taatelin kaltaisena,
ruskeana, ratkimakeana, kultahaavaisena,
himoiten pyöreää neidon-suuta,
mutta vieläkin enemmän neitomaisia
jäänkylmiä lumenvalkeita teräviä
puruhampaita: niitä nimittäin
isoaa sydän kaikkien kuumien taateleitten. Sela.

Etelänhedelmien näitten
kaltaisena, aivan liian kaltaisena
makaan tässä, pienet
siipikuoriaiset
ympärilläni tanssivat, telmivät,
samaten vielä pienemmät
hölmömmät häijymmät
toiveet ja päähänpistot, –
minut piiritätte,
te mykät, uumoilevaiset
neito-kissat
Dudu ja Suleika
– minut *ympärisfinksitätte,* yhteen sanaan
paljon tunnetta tupataksени
 (– antakoon Jumala minulle anteeksi

tämän kielisynnin!...)
– istun tässä, parasta ilmaa nuuskivana,
paratiisin-ilmaa totisesti,
valoisaa kevyttä ilmaa, kultajuovikasta,
niin hyvää ilmaa kuin vain kuunaan
kuusta pudonnut on,
se oliko sattumaa
vai ylimielisyyden tekoa?
niin kuin kertovat vanhat runoilijat.
Mutta sitä minä epäilijä epäilen,
sillä minähän tulen
Euroopasta,
joka epäileväisempi on kuin aviovaimoset kaikki.
Siitä Jumala parantakoon!
Aamen.

Tätä kauneinta ilmaa hengittäen,
sieraimet kuin pikarit pullistuen,
vailla tulevaisuutta, vailla muistoja,
niin minä istun tässä, te
armahimmat ystävättäret,
ja palmua katselen,
kuinka se, kuin tanssijatar,
taipuu ja kiertyy ja lanteita keinuttaa
– siihen mukaan tempautuu, jos sitä liian pitkään katselee...
kuin tanssijatar, joka, niin kuin minusta näyttää,
jo liian kauan, vaarallisen kauan
yhtä mittaa, yhtä mittaa vain *yhdellä* jalalla seissyt on?
– sen vuoksiko siinä se unohti, niin kuin minusta näyttää,
toisen jalan?
Turhaan ainakin
etsin puuttuvaa
kaksos-kalleutta

– sitä toista jalkaa nimittäin –
pyhästä läheisyydestä
sen armahimman, soreimman
viuhka- ja laskos- ja paljetti-hamosen.
Niin, minua te jos, te kauniit ystävättäret,
kaikessa uskoa tahdotte,
se *hukannut* on sen…
Hu! Hu! Hu! Hu! Hu!…
Se mennyttä on,
mennyttä ikuisesti,
se toinen jalka!
Oi surku tätä armasta toista jalkaa!
Missä – mahtaa se oleksia ja hyljättynä surra,
tämä yksinäinen jalka?
Peläten kenties
hurjaa keltaista vaaleakiharaista
leijona-hirviötä? tai jopa jo
jäydettynä, järsittynä –
voi! voi surkeutta! järsittynä! Sela.

Oi älkää itkekö,
hempeät sydämet!
Älkää itkekö, te
taateli-sydämet! Maito-rinnat!
Te lakritsi-sydän-
pussukat!
Ole mies, Suleika! Rohkeutta! Rohkeutta!
Älä enää itke,
kalpea Dudu!
– Vai olisiko ehkä
jokin vahvistava, sydäntä-vahvistava
tässä paikallaan?

palsamitahtainen sananparsi?
juhlava lohdutuspuhe?…

Ha!
Ylös, arvokkuus!
Puhiskaa, puhiskaa taas,
hyveen palkeet!
Ha!
Vielä kerran mölinää,
moraalista mölinää,
moraalisen leijonan mölinää edessä erämaan tyttärien!
– Sillä hyve-ulvonta,
te armahimmat neitoset,
on enemmän kuin kaikki
eurooppalaisen-kiihko, eurooppalaisen-nälänpolte!
Ja tässä seison jo,
eurooppalaisena,
enkä muuta voi, Jumala minua auttakoon!
Aamen!

*   *

*

Erämaa kasvaa: voi sitä, ken erämaita sisällään kantaa!
Kivi kirskuu kiveä vasten, erämaa ahmii ja nieleksii.
Valtava kuolema katsoo ruskeana hehkuen
ja *pureksii*, – sille elämä on pureksintaa…

Älä unohda, ihminen, jonka kulutti hekuman hehku:
sinä – olet kivi, erämaa, olet kuolema…

*   *

*

Viimeinen tahto

Niin kuolla
kuin hänen kerran kuolevan näin –,
ystävän, joka salamoita ja katseita
jumalaisena sinkosi synkkään nuoruuteeni.
Riehakas ja syvä,
taiston touhussa tanssija –,

sotureista hilpein,
voittajista raskain,
kohtalonsa päällä kohtalona seisova,
kova, mietteliäs, kaukaa viisas –:

vapiseva siksi, *että* hän voitti,
iloitseva siitä, että hän *kuollen* voitti –:

kuolon hetkellä käskien
– ja hän käski *tuhoamaan...*

Niin kuolla
kuin hänen kerran kuolevan näin:
voittaen, *tuhoten...*

Petolintujen parissa

Ken tässä tahtoo laskeutua,
kuinka pian
sen syvyys nieleekään!
– Mutta sinä, Zarathustra,
rakastat vielä kuiluakin,
teetkö sen niin kuin *jalokuusi?* –

Se juurensa upottaa sinne, missä
kalliokin vavisten
katsoo syvyyteen –,
se kuilujen partailla hoippuu,
missä kaikki ympärillä
suistuu alaspäin:
seassa villin someron,
hyökyvän puron kärsimättömyyden
kärsivällisenä kestäen, kovana, vaiteliaana,
yksin…

Yksin!
Kuka uskaltaisikaan
tässä vierailla,
sinun luonasi vierailla?…
Petolintu kenties:
se varmaan tarrautuu

vakaan kestäjän tukkaan
vahingoniloisena,
sekapäistä naurua päästäen,
petolinnun-naurua…

Miksi niin vakaa?
– se julmasti ivailee:
ken kuilua rakastaa, se siipiä tarvitsee…
roikkumaan ei jäädä saa,
niin kuin sinä, ripustettu! –

Oi Zarathustra,
julmin Nimrod!
äsken vielä Jumalan metsästäjä,
kaiken hyveen pyyntiverkko,
pahuuden piili!
Nyt –
itse itsesi kiinni saama,
oma saaliisi,
itseesi pureutunut…

Nyt –
itsesi kanssa yksin,
omassa tiedossa kaksin,
satojen peilien seassa
itsesi edessä väärä,
satojen muistojen seassa
epävarma,
joka haavaan uupunut,
joka pakkaseen paleltunut,
omiin pauloihin kuristunut,
itsetuntija!
itsepyöveli!

Miksi sidoit itsesi
viisautesi paulaan?
Miksi houkutit itsesi
vanhan käärmeen paratiisiin?
Miksi livahdit sisään
itseesi – itseesi?...

Nyt potilas,
joka käärmeenmyrkystä sairastui;
nyt vanki,
joka kovimman arvan sai:
omassa kaivannossa
kumarassa uurastaen,
itseesi kalvautuneena,
itseäsi tonkimassa,
auttamatta,
kankeasti,
kalmo –,
satojen taakkojen alle jäänyt,
itsesi ylikuormittama,
tietävä!
itsetuntija!
viisas Zarathustra!...

Hait raskainta taakkaa:
silloin löysit *itsesi* –,
et heivaa itseäsi pois itsestäsi...

Vaaniskelija,
kyyristelijä,
joka ei enää suorana seiso!
Ettet vain kasvaisi hautaasi kiinni,
kiinnikasvanut henki!...

Ja äsken vielä niin ylpeä,
ylpeytesi kaikilla puujaloilla!
Äsken vielä yksinasuja ilman Jumalaa,
kaksinasuja Paholaisen kanssa,
kaiken ylimielisyyden helakanpunainen prinssi!…

Nyt –
kahden tyhjyyden väliin
käpertynyt,
kysymysmerkki,
uupunut arvoitus –
arvoitus *petolinnuille*…

vielä ne sinut »ratkaisevat»,
ne himoitsevat jo »ratkaisuasi»,
lepattaen ne sinua jo saartavat, omaa arvoitustaan,
sinua saartavat, hirtetty!…
Oi Zarathustra!…
Itsetuntija!…
Itsepyöveli!…

Tulimerkki

Tässä, missä merten väliin kasvoi saari,
ylenee jyrkkänä uhrikivi,
tässä sytyttää mustan taivaan alla
Zarathustra kaasavalkeansa,
tulimerkin viekkaille merimiehille,
kysymysmerkin niille, jotka tietävät vastauksen...

Tämä liekki vaaleanharmain vatsoin
– sen ahnaus hyisiä etäisyyksiä nuolee,
yhä puhtaampaa korkeutta kohti se kaulansa kurottaa –
käärme suorana pystyssä kärsimättömyyden edessä:
tämän merkin minä eteeni asetin.

Minun sieluni itse on tämä liekki,
kyltymättä uusia etäisyyksiä kohti
loimuaa ylöspäin, ylöspäin sen hiljainen hehku.
Miksi pakeni Zarathustra eläintä ja ihmistä?
Miksi karkasi kiireesti kaikilta mannermailta?
Kuusi hän tuntee jo yksinäisyyttä –,
mutta hänelle ei merikään ollut kyllin yksinäinen,
saarella hän saattoi nousta, vuorelle hän tuleksi tuli,
kohti *seitsemättä* yksinäisyyttä
hän kokevan ongen nyt heittää päänsä yli.

Viekkaat merimiehet! Vanhojen tähtien sirpaleet!
Te tulevaisuuden meret! Tutkimattomat taivaat!
kohti kaikkea yksinäistä minä ongen nyt heitän:
antakaa vastaus liekin kärsimättömyydelle,
pyytäkää minulle, korkeitten vuorten kalastajalle,
seitsemäs *viimeinen* yksinäisyyteni! – –

Aurinko laskee

1

Kauan et enää janoa kärsi,
  palanut sydän!
Ilmassa leyhyy lupaus,
vieraista suista minuun puhaltaa
  – suuri viileys tekee tuloaan…

Aurinkoni paahtoi päälläni keskipäivän:
terve teille tullessanne,
  te äkilliset tuulet,
te viileät iltapäivän henget!

Ilma kummana käy ja puhtaana.
Eikö jo kieroin
  viettelijänkatsein
minua päin yö pälyä?…
Pysy lujana, urhea sydämeni!
Älä kysy: miksi? –

Eloni päivä!
aurinko laskee.
Jo sileänä seisoo virta
    kullan kimalteissa.
Kallio lämpöä henkii:
    sen päälläkö uinui keskipäivän
keskipäiväuntaan onni?
    Vihrein valonhäivein
vielä ruskea kuilukin onnea hersyttää.

Eloni päivä!
käy iltaa päin!
Jo hehkuu silmäsi
    hiljaa hiipuvana,
jo kumpuaa kasteesi
    kyynelpisaraiset,
jo rientää mykkänä valkeitten merten ylle
rakkautesi purppura,
viimeinen viipyvä autuutesi…

3

Seesteys, kultainen, tule!
    sinä kuoleman
salaisin suloisin esinautinto!
– Riensinkö tietäni liian nopsaan?
Vasta nyt, kun jalkani uupuivat,
    minut katseesi kiinni saa,
    minut *onnesi* kiinni saa.

Ympärillä vain aaltojen leikki.
    Mikä kuunaan raskasta oli,
se upposi unholan sineen,
jouten nyt venhoni vartoo.
Myrsky ja matka – kuinka se niistä on oppinut pois!
    Toivo ja toiveet hukkui,
    sileänä lepää sielu ja meri.

Seitsemäs yksinäisyys!
    En koskaan tuntenut ole
varmuuden suloa läheisempänä,
auringon katsetta kuumempana.
– Eikö vuorenharjani jää vielä hehku?
    Hopeainen, kevyt, kala,
    nyt uiskoni ui ulapalle…

Ariadnen valitus

Kuka lämmittää, kuka rakastaa minua vielä?
   Antakaa kuumat kädet!
   antakaa sydämen-hiillosmaljat!
Pitkäkseen käynyt, vapiseva,
kuin puolikuollut, jonka jalkoja lämmitetään,
ravistama ah! outojen kuumeitten,
teräviä jäisiä pakkaspiiliä hytisevä,
   sinun jahtaamasi, ajatus!
Sanomaton! verhottu! hirvittävä!
   Sinä metsästäjä pilvien takainen!
Minut salamana maahan sivalsit,
sinä ivallinen silmä, joka pimeästä minua tarkkaat!
   Niin minä makaan,
vääntelehdin, kiverryn, minua kiduttavat
iankaikkiset piinat kaikki,
   minua löit
sinä, julmin metsästäjä,
sinä tuntematon – *jumala...*

Lyö syvempään!
Lyö kerran vielä!
Lävistä, riko tämä sydän!
Mitä onkaan tämä kidutus
hammastylsin piilin?

Miksi katsot taas,
ihmis-piinaan uupumaton,
vahingoniloisin jumalten-salama-silmin?
Etkö tappaa tahdo,
vain kiduttaa, kiduttaa?
Mitä varten – *minua* kiduttaa,
sinä vahingoniloinen tuntematon jumala?

Haha!
Hiivit luokse
keskiyön tultua?...
Mitä tahdot?
Puhu!
Minua ahdistat, painat,
ha! jo aivan liian liki!
Minun kuulet hengittävän,
sydäntäni salaa kuuntelet,
sinä mustasukkainen!
    – mutta mistä mustasukkainen?
Pois! Pois!
mitä varten tikapuut?
tahdotko *sisään,*
sydämeen, kiivetä,
salaisimpiin
ajatuksiini kiivetä?
Hävytön! tuntematon! varas!
Mitä tahdot varastaa?
Mitä kuulla?
Mitä kidutuksin ilmi saada,
sinä kiduttaja!
sinä – pyöveli-jumala!
Vai pitäisikö minun, koiran lailla,
edessäsi kieriä?

Antautua, innosta suunniltani
rakkautta sinulle – huiskutella?
Turha luulo!
Tuikkaa yhä vain!
Tutkaimista julmin!
Koira en ole – olen riistaasi vain,
sinä julmin metsästäjä!
ylpein vankisi,
sinä rosvo pilvien takainen…
Puhu vihdoinkin!
Sinä vasamin-verhottu! tuntematon! puhu!
Mitä tahdot, maantierosvo, mitä tahdot – *minusta?*…

Kuinka?
Lunnaita?
Mitä tahdot lunnaiksi?
Vaadi paljon – niin neuvoo ylpeyteni!
ja puhu vähän – niin neuvoo toinen ylpeyteni!

Haha!
Minut – tahdot? minut?
minut – kokonaan?…

Haha!
Ja kidutat minua, narri, joka olet,
kidutat rikki ylpeyteni?
Anna minulle *rakkautta* – kuka lämmittää minua vielä?
   kuka rakastaa minua vielä?
anna kuumat kädet,
anna sydämen-hiillosmaljat,
anna minulle, yksinäisimmälle,
jota jää, ah! seitsenkertainen jää
opettaa vihollisiakin,

vielä vihollisiakin kaipaamaan,
anna, niin, luovuta,
sinä julmin vihollinen,
minulle – *itsesi!*...

Mennyt!
Niin hän pakeni itse,
ainoa toverini,
suuri viholliseni,
tuntemattomani,
pyöveli-jumalani!...
Ei!
tule takaisin!
Kaikkine kidutuksinesi!
Kyynelteni virrat kaikki
sinun luoksesi virtaavat
ja viimeinen sydänliekkini
sinulle leimahtaa.
Oi tule takaisin,
tuntematon jumalani! *tuskani!*
    viimeinen onneni!...

Salama. Dionysos ilmestyy smaragdisessa kauneudessa.

Dionysos:

Ole neuvokas, Ariadne!...
Sinulla pienet korvat on, sinulla minun korvani on:
ota niihin neuvokas sana! –
Eikö itseään ensin joudu vihaamaan, jos aikoo itseään
                              rakastaa?...
Minä olen sinun labyrinttisi...

Maine ja ikuisuus

1

Kauanko olet jo istunut
    kovan onnesi päällä?
Varo! haudot minulle vielä
    munan,
    basiliskin-munan
pitkästä surkeudestasi.

Miksi hiiviskelee Zarathustra vuorta pitkin? –

Epäluuloinen, haavainen, synkkä,
hän pitkään vaanii väijyksissä –,
vaan äkkiarvaamatta, salama,
kirkas, pelottava, iskee
kuilunpohjalta taivasta päin:
– vuorenkin uumenet
vavahtavat…

Missä viha ja salamanlyönti
yhdeksi tulivat, siinä *kirous* –,
vuorilla asuu nyt Zarathustran raivo,
se ukkospilvenä tietään hiipii.
Ryömiköön suojaan, jolla viimeinen suoja on!

Painukaa vuoteeseen, te mammanpojat!
Nyt vyöryvät ukkoset holvien yllä,
nyt järkkyvät paalut ja muurit,
nyt suihkivat salamat ja rikinkeltaiset totuudet –
    Zarathustra *kiroaa…*

2

Tämä kolikko, jolla
kaikki maailma maksaa,
maine –,
minä hansikaskäsin tätä kolikkoa kosken,
sitä inhoten *allani* poljen.

Ken tahtoo maksun saada?
Kauppatavarat…
Ken *myynnissä* on, se hamuaa
rasvaisin käsin
tätä kaikenmaailman-killinginkilinää mainetta!

– *Tahdotko* ostaa heidät?
he ovat kaikki kaupan.
Mutta tarjoa paljon!
kilistä täyttä kukkaroa!
– muutoin *vahvistat* heitä,
vahvistat heidän *hyvettään…*

He ovat hyveellisiä kaikki.
Maine ja hyve – ne sointuvat yhteen.
Niin kauan kuin maailma elää,
he maksavat hyve-höpinän
maine-mekkalalla –,
tästä hälinästä maailma *elää…*

Kaikkien hyveellisten edessä
   minä tahdon olla syyllinen,
syylliseksi sanottu kaikkiin suuriin synteihin!
Kaikkien maineen-äänitorvien edessä
kunnianhimostani kuontuu mato –,
minä sellaisten joukossa mielin
alhaisin olla…

Tämä kolikko, jolla
kaikki maailma maksaa,
maine –,
minä hansikaskäsin tätä kolikkoa kosken,
sitä inhoten *allani* poljen.

3

Hiljaa! –
Suurista asioista – minä suurta *näen!* –
täytyy vaieta
tai suuresti puhua:
puhu suuresti, haltioitunut viisauteni!

Minä silmäni ylös luon –
siellä vaahtovat valomeret:
– oi yö, oi vaitiolo, oi kuolemanhiljainen häly!…

Minä merkin näen –,
kaukaisimmasta kaukaisuudesta
laskeutuu verkkaan tuikkien tähtikuvio minua kohti…

4

Olemisen korkein tähti!
Ikuisten veistosten taulu!
Sinäkö tulet luokseni? –
Mitä kukaan ei nähnyt ole,
mykkää kauneuttasi, –
kuinka? sekö ei karkaa katseitani?

Välttämättömyyden kilpi!
Ikuisten veistosten taulu!
– mutta sinä tiedät kyllä:
mitä kaikki vihaavat,
mitä yksin *minä* rakastan,
että sinä olet *ikuinen!*
että sinä olet *välttämätön!*
Minun rakkauteni syttyy
iäti vain välttämättömyydestä.

Välttämättömyyden kilpi!
Olemisen korkein tähti!
– johon ei yksikään toive yllä,
jota ei tahraa mikään Ei,
olemisen ikuinen Kyllä,
minä iäti olen sinun Kylläsi:
sillä minä rakastan sinua, oi ikuisuus! – –

Rikkaimman köyhyydestä

Kymmenen vuotta mennyt –,
ei pisarakaan luokseni kantanut,
ei kostea tuuli, ei rakkauden kaste
– *sateeton* maa...
Nyt minä viisaudeltani anon,
ettei se kitsailisi tässä kuivuudessa:
ole sinä itse ylitsevuotava vuo, itse kasteen pisarrus,
itse keltaisen salomaan sade!

Minä joskus pilvet määräsin
vuoriltani pois lähtemään, –
minä joskus sanoin »lisää valoa, te pimeät!»
Tänään minä niitä houkuttelen, jotta ne tulisivat:
varjotkaa olopiirini utareisiinne!
– minä tahdon lypsää teidät,
te korkeuksien lehmät!
Maidonlämpimän viisauden, rakkauden makean kasteen
minä vuodatan päälle maan.

Pois, pois, te totuudet,
jotka synkkinä pälyilette!
Minä vuorillani en tahdo
kitkeriä kärsimättömiä totuuksia nähdä.
Hymyn kultaamana

lähelläni tänään totuus,
makeana auringosta, ruskeana rakkaudesta, –
kypsän totuuden minä yksin taitan puusta.

Tänään minä käteni ojennan
kohti sattuman suortuvia,
kyllin ovelana sattumaa
lapsen lailla johtamaan, petkuttamaan.
Tänään tahdon olla vieraanvarainen
tunkeilijalle,
edes kohtalolle en tahdo olla pisteliäs
– Zarathustra ei ole siili.

Sieluni,
kielineen kyltymätön,
se jokaista hyvää, jokaista pahaa asiaa on jo nuollut,
se jokaiseen syvyyteen sukeltautui.
Mutta korkin lailla aina,
aina se pinnalle takaisin pulpahtaa,
kuin öljy se telmii ruskeain merten päällä:
tämän sielun tähden minua sanotaan onnelliseksi.

Ketkä ovat isäni ja äitini?
Eikö isäni ole prinssi Yltäkylläisyys
ja äitini hiljainen Nauru?
Eikö näiden kahden avioliitto synnyttänyt
minut arvoituseläimen,
minut valohirviön,
minut kaiken viisauden tuhlaajan, Zarathustran?

Tänään sairaana hellyydestä,
kastetuuli,
istuu Zarathustra vuottaen, vuottaen vuorillaan, –

omassa mehussa
makeutuneena ja keitettynä,
vuorenharjansa *alapuolella,*
jäänsä *alapuolella,*
uupunut ja autuas,
seitsemättä päiväänsä viettävä luoja.

– Hiljaa!
Totuus vaeltaa ylitseni
pilven lailla, –
näkymättömin salamoin se minua lyö.
Leveitä hitaita portaita
nousee sen onni luokseni:
tule, tule, armas totuus!

– Hiljaa!
Minun totuuteni se on!
Epäröivistä silmistä,
sametinpehmeistä väristyksistä
osuu sen katse minuun,
armas, häijy, neidonkatse…
Se arvasi onneni *syyn,*
se arvasi *minut* – ha! mitä se keksiikään? –
Purppuraisena vaanii lohikäärme
sen neidonkatseen kuilussa.

– Hiljaa! Minun totuuteni *puhuu!* –

Voi sinua, Zarathustra!
Muotosi on kuin sillä,
joka on niellyt kultaa:
joku vielä ottaa ja viiltää vatsasi auki!…

Liian rikas sinä olet,
sinä monien turmelija!
Liian monet sinua kadehtivat,
liian monet sinä köyhdytät…
Minuakin valosi varjostaa –,
minua paleltaa: mene pois, sinä rikas,
mene, Zarathustra, pois auringostasi!…

Sinä tahtoisit lahjoittaa, antaa pois yltäkylläisyytesi,
mutta sinä itse olet yltäkylläisin!
Ole neuvokas, sinä rikas!
Lahjoita pois itsesi ensin, oi Zarathustra!

Kymmenen vuotta mennyt –,
eikä pisarakaan luoksesi kantanut?
Ei kostea tuuli? ei rakkauden kaste?
Mutta kuka *voisikaan* sinua rakastaa,
sinä upporikas?
Sinun onnesi tekee kuivaksi tienoon,
tekee köyhäksi rakkaudesta
– *sateeton* maa…

Ei sinua enää kukaan kiitä,
mutta sinä kiität jokaista,
joka sinulta ottaa:
siitä minä sinut tunnistan,
sinä upporikas,
sinä kaikista rikkaista *köyhin!*

Sinä uhraat itsesi, sinua *piinaa* rikkautesi –,
sinä tarjoat itsesi,
et itseäsi säästä, et itseäsi rakasta:
suuri piina pakottaa sinua lakkaamatta,

ylipursuvain aittain piina, *ylipursuvan* sydämen –
mutta ei kukaan sinua enää kiitä…

Sinun täytyy *köyhtyä,*
viisas viisautta vailla!
jos tahdot rakkautta.
Vain kärsiviä rakastetaan,
rakkautta annetaan vain nälkäiselle:
lahjoita pois itsesi ensin, oi Zarathustra!

– Minä olen sinun totuutesi…

Hulluuskirjeet

Vastaanottaja: Jean Bourdeau,[1] Pariisi
Torino, luultavasti 1. tammikuuta 1889[2]

Kunnioitettu herra,

lähetän teille tässä julistukseni päätöksen: tahdomme välttää ensimmäisen osan viimeisessä lauseessa sanan »teloittaa»[3] ja sanoa sen sijaan vaikkapa: niitata ja naulata kiinni.[4]

---

[1]Jean Bourdeau (1848–1928), ranskalainen pännämies, joka kirjoitti aktiivisesti Journal des débats -lehteen (»itse luen, luvalla sanoen, vain Journal des Débats'ta», Nietzsche kertoo »Ecce homossa»). Bourdeaun eräs mielenkiinnon kohde oli saksalainen filosofia, ja hän käänsikin Schopenhaueria ranskaksi.

[2]Joidenkin kirjeiden päivämäärää ei tiedetä varmasti tai tarkasti. Nietzsche itse merkitsi päivämäärän vain viimeiseen hulluuskirjeeseensä ja siihenkin väärin.

[3]Alkuteksti: »exekutiren».

[4]Alkuteksti: niet- und nagelfest machen. Nietzsche tekee tässä korjauksia Bourdeaulle aikaisemmin lähettämäänsä julistukseen, jonka hän tahtoi saada julkaistuksi Journal des débat'ssa. Joulukuun 30. päivänä hän kirjoitti Heinrich Köselitzille: »Sitten kirjoitin, sankarillis-aristofaanisen ylimielisyyden tunnossa, julistuksen Euroopan hoveille, että Hohenzollereiden hallitsijasuku on *tuhottava,* nämä helakanpunaiset idiootit, tämä rikollisrotu, joka yli 100 vuotta oli hallinnut Ranskan valtaistuinta ja Elsassia, kun minä tein Victor Buonapartesta, meidän Laetitiamme veljestä keisarin ja nimitin oivallisen Ms. Bourdeauni, Journal de Débats'n ja Revue des deux Mondes'n päätoimittajan hovini ambassadoriksi, – sen jälkeen söin päivällistä kokkini luona (– hän ei suotta ole nimeltään de la Pace –)». Victor Bonaparte (1862–1926) oli Bonaparten hallitsijasuvun päämies 1879–1926. Marie-Laetitia Bonaparte (1866–1926) oli Victorin nuorempi sisar. Jean Bourdeau ei todellisuudessa ollut kummankaan Nietzschen mainitseman lehden päätoimittaja. Latinan »pax» (abl. »pace») on suomeksi »rauha».

Nietzschen jälkeenjääneistä papereista joulukuulta 1888 löytyy sekavia Hohenzollereiden vastaisia purkauksia, kuten esimerkiksi seuraava katkelma, joka kantaa

Pidän sitä vilpittömästi mahdollisena, että Euroopan koko absurdi tilanne voidaan panna järjestykseen eräänlaisen maailmanhistoriallisen naurun avulla, tarvitsematta vuodattaa tippaakaan verta. Toisin sanottuna: Journal des Débats *riittää...*

N.

Uskollisin onnentoivotukseni tälle päivälle!

---

otsikkoa »*Kuolemansota Hohenzollereiden hallitsijasuvulle*»: »Sinä, mikä minun täytyy olla, ei ihminen, vaan kohtalo, minä tahdon tehdä lopun näistä rikollisista idiooteista, jotka yli sata vuotta ovat olleet lakkaamatta äänessä, suurimmassa äänessä. Sitten Fredrik *Suuren* Varkaan päivien he eivät ole tehneet muuta kuin valehdelleet ja varastaneet; minun tarvitsee mainita yksi ainoa poikkeus, unohtumaton Fredrik Kolmas, koko rodun vihatuin, parjatuin... Tänään, kun häpeällinen puolue on vallalla, kun kristillinen kopla kylvää kirottavia nationalismin lohikäärmeensiemeniä kansojen sekaan ja tahtoo "vapauttaa" mustat palvelijat, koska se rakastaa orjia, on meidän saatettava *valheellisuus* ja *viattomuus* valheessa maailmanhistoriallisen oikeuden eteen». »Sen työkalu, ruhtinas Bismarck, idiootti par excellence kaikkien valtiomiesten joukossa, ei ole koskaan ajatellut kämmenenleveyden vertaa Hohenzollereiden dynastiaa pitemmälle». »Mutta aikansa kutakin: minä tahdon kiristää valtakunnan ympärille vaskisen paidan ja lietsoa epätoivoisen taistelun. Käteni eivät ole vapaat, ennen kuin saan käsiini kristillisen keisarinhusaarin, tämän nuoren rikollisen, *kaikkine* lisukkeineen – tuhoten säälittävimmän ihmisepäsikiön, joka koskaan on päässyt valtaan».

48

Vastaanottaja: Constantin Georg Naumann,[5] Leipzig (postikortti)
Torino, 1. tammikuuta 1889

Arvon herra,

minun on pyydettävä vielä kerran se runo, joka päättää *Ecce homon:*
sen nimi on *Maine ja ikuisuus,*[6] – lähetin sen vielä aivan viimeisenä.

N.

Ajatus Fuchs-Köselitz julkaisusta on hylätty.[7]

---

[5]Constantin Georg Naumann (1842–1911), Nietzschen painaja.

[6]»Ecce homo» ilmestyi lopulta vuonna 1908. Ensimmäisessä painoksessa oli mukana
»Dionysos-dityrambien» toiseksi viimeinen runo »Maine ja ikuisuus».

[7]Joulukuun 27. päivänä 1888 Nietzsche kirjoitti Naumannille: »Juuri nyt *tohtori
Carl Fuchs* ilmoittaa minulle, että hän on rustannut Wagneria vastustavan kirjoituk-
sen, joka esprit'nsä [henkevyytensä] ja hienoutensa ansiosta on saavuttanut Danzi-
gissa – hän luki sen ääneen kirjallisuusseurassa – ja myös erityisten asiantuntijain pii-
rissä tavattoman menestyksen. – Tohtori Fuchs on ylivoimaisesti henkevin muusik-
ko; sitä mieltä oli myös Richard Wagner. – Olen kirjoittanut hänelle, että maksan
mielelläni tuotantokustannukset; minulle on tärkeää, että *muusikko* on tässä asiassa
minun puolellani.» »Esipuheeksi tohtori Fuchsin työhön voisimme ottaa herra Gas-
tin erinomaisen kirjoitelman; olenkin jo viestinyt asiasta Avenariukselle [Ferdinand
Avenarius (1856–1923) saksalainen runoilija, perusti 1882 Der Kunstwart -nimisen
kulttuurilehden, joka julkaisi marraskuussa 1888 Peter Gastin eli Heinrich Köselit-
zin arvostelun "Wagnerin tapauksesta"]. Otsikoksi vaikkapa:
Nietzschen tapaus.
Kahden muusikon
reunamerkintöjä»

Vastaanottaja: Catulle Mendès,[8] Pariisi (luonnos)

Torino, 1. tammikuuta 1889

Kahdeksan Inedita ja inaudita,[9] Isolinen runoilijalle ystävälleni ja satyyrille suuresti kunnioittaen luovuttaa: luovuttakoon hän lahjani ihmiskunnalle

Nietzsche Dionysos

Samana päivänä Nietzsche kirjoitti Carl Fuchsille: »Ehdotan, että herra Köselitzin erinomainen minua käsittelevä kirjoitelma painetaan esipuheeksi teidän Wagneria vastustavan kirjoituksenne alkuun: se tekee loistavan vaikutelman.

Otsikko: Nietzschen tapaus

kirjoittaneet Peter Gast ja Carl Fuchs»

Edelleen samana päivänä Nietzsche kirjoitti vielä Heinrich Köselitzille: »Sananen vain, rakas ystävä! Olen juuri ehdottomassa tohtori Fuchsille, että hänen Wagneria vastustava kirjoituksensa julkaistaisiin yhdessä teidän kirjoitelmanne kanssa, niin että teidän *Kunstwartissa* ilmestynyt tekstinne toimisi johdantona – tai esipuheena. Olen jo ehdottanut Avenariukselle sen erillisjulkaisua (– te voisitte, kuten kohtuullista on, palauttaa siihen jotakin, mitä siitä on poistettu). *Otsikko,* mitä mieltä olette?

Nietzschen tapaus.

Kahden muusikon

reunamerkintöjä.

Eikä ole mitään haittaa siitä, jos käsittelette minuakin vähän muusikkona – typerien saksalaisten päähän sellainen ei koskaan pälkähtäisi.»

[8]Catulle Mendès (1841–1909), ranskalainen runoilija, joka kirjoitti libreton André Messagerin (1853–1929) säveltämään oopperaan »Isoline». Ooppera sai ensiesityksensä Pariisissa 26. joulukuuta 1888.

[9](Lat.) Kahdeksan Julkaisematonta ja kuulematonta. »Dionysos-dityrambien» kahdeksan ensimmäistä runoa.

Vastaanottaja: Catulle Mendès, Pariisi (omistus)

Torino, 1. tammikuuta 1889

Tahtoessani osoittaa ihmiskunnalle äärettömän hyvänteon annan teille dityrambini.

Lasken ne Isolinen runoilijan käsiin, suurimman ja ensimmäisen satyyrin, joka tänään elää – eikä vain tänään...

Dionysos

Vastaanottaja: Constantin Georg Naumann, Leipzig (sähke)

Torino, 2. tammikuuta 1889

C. G. Naumann Leipzig

Kahden päätösrunon käsikirjoitus

Vastaanottaja: Constantin Georg Naumann, Leipzig

Torino, 2. tammikuuta 1889

Tapahtumien johdosta pieni kirjoitus Nietzsche contra W. on kauttaaltaan vanhentunut: lähettäkää minulle viipymättä sen päätösruno,[10] kuten myös viimeksi lähetetty runo *»Maine ja ikuisuus»*. Eteenpäin *Eccen* kanssa!

Sähköttäkää herra Gastille![11]
Osoite sama kuin ennen

Torino

---

[10]»Nietzsche contra Wagnerin» päätösruno on »Rikkaimman köyhyydestä», josta tuli myös »Dionysos-dityrambien» viimeinen runo.

[11]Peter Gast eli Heinrich Köselitz oli auttanut Nietzscheä painokäsikirjoitusten valmistamisessa ja korrehtuurien lukemisessa jo vuodesta 1876 ja kirjasta »Wagner Bayreuthissa» alkaen.

Torino, tammikuun alku 1889

Herra Strindbergille
Öhöm?... Emme enää Divorçons?...[12]

Ristiinnaulittu

---

[12](Ransk.) Emmekö enää eroa?... Joulukuun viimeisenä päivänä 1888 Nietzsche kirjoitti Strindbergille: »Hyvä herra, saatte kohtapuoliin kuulla vastauksen novelliinne – se kuulostaa kuin *haulikonlaukaukselta*... Olen käskenyt ruhtinaspäivät koolle Roomaan, aion määrätä nuoren keisarin ammuttavaksi. Näkemiin! *Sillä* me näemme vielä... Une seule condition: Divorçons... [Yksi ehto: Eroamme...]» Kirjeen on allekirjoittanut »Nietzsche Caesar».

Vastaanottaja: Meta von Salis,[13] *Marschlins*

Torino, 3. tammikuuta 1889

Neiti von Salis.

Maailma on kirkastettu, sillä Jumala on maan päällä. Ettekö näe, kuinka kaikki taivaat riemuitsevat? Olen vastikään ottanut haltuun valtakuntani, heitän paavin vankilaan ja määrään Wilhelmin,[14] Bismarckin[15] ja Stöckerin[16] ammuttaviksi.

Ristiinnaulittu.

---

[13]Meta von Salis (1855–1929), sveitsiläinen feministi, Nietzschen ystävä. Nietzsche ja von Salis tapasivat Zürichissä 1884. Nietzschen lähettämästä postikortista heinäkuulta 1884: »oletettavasti te tiedätte, kuka minä olen, niinpä teidän ei sovi ihmetellä, jos toivon saavani tutustua teihin. Tulen viipymään muutaman päivän Zürichissä, *Hôtel Habis:* ilmoittakaa minulle, jos saan pyytää, missä ja milloin tapaisimme.» Von Salis oli jo tavannut Nietzschen äidin ja sisaren ja tunsi Malwida von Meysenbugin, joten hän oletettavasti tiesi, kuka Nietzsche on.
[14]Vilhelm II (1859–1941), Saksan keisari (vallassa 1888–1918).
[15]Otto von Bismarck (1815–1898), saksalainen valtiomies, Saksan ensimmäinen valtakunnankansleri (virassa 1871–1890).
[16]Adolf Stoecker (1835–1909), saksalainen luterilainen pappi ja antisemitistinen poliitikko.

Torino, 3. tammikuuta 1889

Minulle kerrotaan, että eräs jumalallinen ilveilijä on näinä päivinä saanut valmiiksi Dionysos-dityrambit…

Vastaanottaja: Cosima Wagner, Bayreuth

Torino, 3. tammikuuta 1889

Prinsessa Ariadnelle, rakkaalleni.[17]

On ennakkoluulo, että minä olen ihminen. Mutta olen jo useinkin elänyt ihmisten parissa ja tunnen kaiken, mitä ihmiset voivat kokea, alhaisimmasta ylhäisimpään. Olen ollut intialaisten keskuudessa Buddha, Kreikassa Dionysos, – Aleksanteri ja Caesar ovat inkarnaatioitani samoin kuin Shakespearen runoilija lordi Bakon. Viimeksi olin vielä Voltaire ja Napoleon, ehkä myös Richard Wagner... Mutta tällä kertaa tulen voitokkaana Dionysoksena, joka on tekevä Maasta juhlan... Ei niin, että minulla olisi paljon aikaa... Taivaat riemuitsevat täälläolostani... Ristilläkin olen roikkunut...

---

[17]Nietzschen hulluuskuvitelmissa Cosima Wagner oli Ariadne ja Nietzsche itse Dionysos. Kreikkalaisen myytin mukaan Dionysos otti Ariadnen puolisokseen Theseuksen hylättyä tämän Naksoksen saarelle. Mitä ilmeisimmin Nietzsche oli rakastunut Cosima Wagneriin. »Ecce homossa» hän kirjoittaa: »On vain yksi ihminen, jonka tunnustan vertaisekseni – myönnän sen syvästi kiitollisena. Rouva Cosima Wagner on ylivoimaisesti ylhäisin luonto; ja, jotten sanoisi sanaakaan liian vähän, sanon, että Richard Wagner oli ylivoimaisesti enimmin minua muistuttava mies...» Myöhemmin Jenan hoitolaitoksessa Nietzsche kuvitteli olevansa Cosiman aviomies.

Vastaanottaja: Cosima Wagner, Bayreuth

Torino, 3. tammikuuta 1889

Tämä breve[18] ihmiskunnalle sinun tulee julkistaa, Bayreuthista käsin, tällä päällekirjoituksella varustettuna:

Iloinen sanoma.

---

[18](Lat.) kirje.

Vastaanottaja: Cosima Wagner, Bayreuth
Torino, luultavasti 3. tammikuuta 1889

Ariadne, rakastan sinua! Dionysos

Vastaanottaja: Georg Brandes,[19] Kööpenhamina

Torino, 4. tammikuuta 1889

Ystävälleni Georgille.

Sen jälkeen, kun olit keksinyt minut, ei ollut temppu eikä mikään löytää minua: nyt vaikeutena on kadottaa minut…

Ristiinnaulittu.

---

[19]Georg Brandes (1842–1927), tanskalainen kriitikko ja kirjallisuushistorioitsija. Brandes luennoi Kööpenhaminan yliopistossa. Keväällä 1888 hän piti luentosarjan Nietzschen filosofiasta ja oli siten ensimmäinen, joka kiinnitti Nietzscheen huomiota yliopistossa. Nietzsche oli tästä huomiosta enemmän kuin iloinen. Toukokuun 4. päivänä hän kirjoitti Brandesille: »Olen niin helpottunut, niin vahvistunut, niin hyvällä tuulella, – ripustan vakavimpiin asioihin pienen ilveilijänhännän. Mikä tähän kaikkeen on syynä? Eikö minun ole tästä kiittäminen hyviä *pohjoistuulia,* näitä pohjoistuulia, jotka eivät tule aina Alpeilta? – ne tulevat toisinaan myös *Kööpenhaminasta!*»

Vastaanottaja: Hans von Bülow,[20] Hampuri

Torino, 4. tammikuuta 1889

Herra Hans von Bülowille...

Ottaen huomioon, että te olette aloittanut ja ollut ensimmäinen hansalainen, minä, kaikessa vaatimattomuudessa, pelkkä kolmas Veuve Cliquot-Ariadne,[21] minä en saa pilata iloanne: mieluummin tuomitsen teidät »Venetsian leijonalle»[22] – joka saattaa syödä teidät...

Dionysos

---

[20]Hans von Bülow (1830–1894), saksalainen kapellimestari, pianovirtuoosi ja säveltäjä. Von Bülow oli naimisissa Franz Lisztin tyttären Cosiman kanssa, kunnes tämä jätti hänet ja avioitui Richard Wagnerin kanssa.

[21]Barbe-Nicole Clicquot-Ponsardin eli Veuve Clicquot (1777–1866), ranskalainen samppanjanvalmistaja. Ariadne on tietysti kreikkalaisen mytologian Ariadne, joka Nietzschen hulluuskuvitelmissa samaistui Cosima Wagneriin. Entä miksi »kolmas»? Mahdollisesti Nietzsche kuvitteli olevansa von Bülowin ja Wagnerin jälkeen Cosiman kolmas aviomies.

[22]»Venetsian leijona» on Heinrich Köselitzin ooppera.

Vastaanottaja: Jakob Burckhardt,[23] Basel

Torino, 4. tammikuuta 1889

Kunnianarvoisalle Jakob Burckhardtilleni.

Se oli pieni pila, jonka vuoksi annan itselleni anteeksi sen pitkäveteisyyden, että olen luonut maailman. Nyt te olette – sinä olet – meidän suuri suurin opettajamme: sillä minun, yhdessä Ariadnen kanssa, on oltava vain kaikkien asioiden kultainen tasapaino, meillä on joka osassa sellaisia, jotka ovat yläpuolellamme...

Dionysos.

---

[23]Jakob Burckhardt (1818–1897), sveitsiläinen historiantutkija ja historianfilosofi.

Vastaanottaja: Paul Deussen,[24] Berliini

Torino, 4. tammikuuta, 1889

Sen jälkeen, kun on vastaansanomattomasti käynyt ilmi, että minä olen oikeastaan luonut maailman, näyttää myös ystävä Paul otetun huomioon maailmansuunnitelmassa: hänen on määrä, yhdessä Monsieur Catulle Mendèsin kanssa, olla yksi suurista satyyreistani ja juhlaeläimistäni.

Dionysos.

---

[24]Paul Deussen (1845–1919), saksalainen indologi, filosofian professori Kielissä, Nietzschen nuoruudenystävä. Nietzsche ja Deussen ystävystyivät jo Schulpfortassa, jossa Nietzsche kävi koulua 1858–1864.

Vastaanottaja: Heinrich Köselitz,[25] Annaberg

Torino, 4. tammikuuta 1889

Maestrolleni Pietrolle

Laula minulle uusi laulu: maailma on kirkastettu ja kaikki taivaat riemuitsevat.

Ristiinnaulittu.

---

[25]Heinrich Köselitz (1854–1918), saksalainen säveltäjä, Nietzschen ystävä ja assistentti, jolle Nietzsche antoi salanimen Peter Gast. Köselitz tuli vuonna 1875 opiskelijaksi Baseliin, missä hän kuunteli Nietzschen luentoja. »Wagnerin tapauksessa» Nietzsche viittaa Köselitziin: »Minä tunnen vain yhden muusikon, joka vielä tänäänkin kykenee veistämään overtyyrin *yhtenäisestä puusta:* eikä kukaan tunne häntä...» »Ecce homossa» ja »Nietzsche contra Wagnerissa» samoin: »En tulisi toimeen ilman Rossinia, vielä vähemmän ilman *minun* etelääni musiikissa, venetsialaisen maestroni Pietro Gastin musiikkia.»

Vastaanottaja: Malwida von Meysenbug,[26] *Rooma*

Torino, noin 4. tammikuuta 1889

Liite »Idealistin muistelmiin»

Vaikka Malvida on tunnetusti Kundry,[27] joka nauroi sillä hetkellä, kun maailma horjui,[28] saa hän kuitenkin paljon anteeksi, koska hän on rakastanut minua paljon:[29] katso »Muistelmien» ensimmäinen

---

[26]Malwida von Meysenbug (1816–1903), saksalainen kirjailija ja kulttuurivaikuttaja, Nietzschen ystävä. Nietzsche ja von Meysenbug tutustuivat Bayreuthin Juhlanäyttämätalon peruskiven muurauksessa toukokuussa 1872.

[27]Kysymyksessä on tietysti Wagnerin »Parsifalin» Kundry.

[28]Von Meysenbug oli tiettävästi nauranut, kun Nietzsche oli lähettänyt hänelle neljä kappaletta »Wagnerin tapausta» ja pyytänyt häntä auttamaan ranskantajan löytämisessä kirjalle. »Ecce homossa» Nietzsche viittaa von Meysenbugilta saamaansa kirjeeseen: »Juur'ikään minulle vielä kirjoittaa, jottei ystäviäkään puuttuisi, vanha ystävätär, hän kertoo nyt *nauravansa* minulle… Ja tämä sillä hetkellä, kun minun pääläni lepää sanomaton vastuu, – kun yksikään minuun kohdistettu sana ei voi olla liian hellä eikä yksikään minuun luotu katse kyllin kunnioittava. Sillä ihmiskunnan kohtalo on laskettu minun harteilleni.» Marraskuun 25. päivänä 1888 Nietzsche kirjoitti Heinrich Köselitzille: »Hiljattain juolahti mieleeni esitellä Malvida "Ecce homon" ratkaisevassa kohdassa *Kundryna*, joka *nauraa…*» Nietzschen horjuttaessa ihmiskuntaa von Meysenbug nauraa, niin kuin Kundry nauroi Vapahtajalle, jonka kuollessa maa vavahteli ja kalliot halkeilivat (Matt. 27:51).

[29]Vrt. Luuk. 7:47. Von Meysenbugin ja häntä liki kolmekymmentä vuotta nuoremman Nietzschen välillä oli kuitenkin rakkautta muutoinkin kuin vain Nietzschen hulluushoureissa: heidän suhteessaan oli jotakin äidin ja pojan välisestä rakkaudesta. Nietzsche luonnehtikin von Meysenbugia usein »äidilliseksi», ja 14. huhtikuuta 1876 hän kirjoitti tälle: »Mitä miehen täytyy tehdä, jotta hän ei joutuisi teidän elämänne kuvan äärellä syyttämään itseään epämiehekkyydestä? – sitä minä kysyn itseltäni usein. Hänen täytyy tehdä kaikkea sitä, mitä te teette eikä mitään muuta! Mutta

nide...[30] Minä kunnioitan kaikkia näitä valittuja sieluja Malvidan ympärillä Nataliessa elää hänen isänsä ja tämä minäkin olin.[31]

Ristiinnaulittu

on ylen todennäköistä, ettei hän pysty siihen, häneltä puuttuu alati avuliaan rakkauden varmasti johtava vaisto. Yksi korkeimmista motiiveista, jonka minä vasta teidän johdostanne olen aavistanut, on äidinrakkaus ilman äidin ja lapsen välistä fyysistä sidosta, se on eräs caritaksen ihanimmista ilmestyksistä. Suokaa te minulle jotakin tästä rakkaudesta, korkeasti kunnioitettu ystävättäreni, ja nähkää minussa poika, joka tarvitsee sellaista äitiä, ah tarvitsee niin kipeästi!»

[30]Von Meysenbugin tärkein työ on kolmiosainen omaelämäkerrallinen kirja »Memoiren einer Idealistin», jonka ensimmäinen osa julkaistiin ranskaksi 1869 ja kaikki kolme osaa saksaksi 1875–1876. Vuonna 1898 kirja sai liitteen »Der Lebendsabend einer Idealistin: Nachtrag zu den "Memoiren einer Idealistin"» (»Idealistin elämänilta. Liite "Idealistin muistelmiin"»).

[31]Natalie Herzen (1844–1936) oli venäläisen sosialistisen ajattelijan Alexander Herzenin (1812–1870) tytär. Von Meysenbug oli Natalien nuoremman sisaren Olgan (1851–1953) huoltaja ja kasvattaja. Jossakin vaiheessa Natalie oli ehdolla Nietzschen vaimoksi. Huhtikuussa 1877 Nietzsche kirjoitti sisarelleen Elisabethille: »Joudun kylläkin viettämään vielä ensi talven näissä oloissa siellä [Baselissa], mutta pääsiäisenä 1878 sen pitäisi olla ohi, sikäli kuin toinen kombinoituminen onnistuu, so. avioituminen jonkun minulle sopivan, mutta ehdottomasti varakkaan naisen kanssa. "Hyvä, *mutta* rikas", kuten neiti v M sanoi, ja tämä "mutta" nauratti meitä kovin. Vaimoni kanssa sitten eläisin seuraavat vuodet Roomassa; joka on paikkana niin terveyden, seuraelämän kuin opiskelujenikin kannalta yhtä kelvollinen. Tänä kesänä projektia on tarkoitus edistää Sveitsissä, niin että syksyllä saapuisin Baseliin avioituneena. Erinäisiä "olentoja" on kutsuttu Sveitsiin, monet sinulle tyystin vieraita nimiä, joukossa esim. Elise Bülow Berliinistä, Elisabeth Brandes Hannoverista. Henkisiltä ominaisuuksiltaan kelvollisimpana pidän edelleen Nat. Herzeniä.»

Vastaanottaja: Franz Overbeck,[32] Basel

Torino, noin 4. tammikuuta 1889

Ystävä Overbeckille ja rouvalle

Vaikka te olette tähän saakka osoittaneet vähäistä uskoa maksukykyyni, toivon minä silti vielä todistavani, että minä olen sellainen, joka maksaa velkansa – esimerkiksi teille...[33] Määrään juuri kaikki antisemitistit ammuttaviksi...

Dionysos.

---

[32]Franz Overbeck (1837–1905), saksalainen teologi, professori Baselissa, Nietzschen läheisin ystävä. Nietzsche ja Overbeck tutustuivat vuonna 1870, kun Overbeck tuli professoriksi Baseliin, missä he asuivat viisi vuotta naapureina samassa talossa. Klassinen on Nietzschen Overbeckille 14. marraskuuta 1881 lähettämä kirje: »Rakas ystävä, mikä onkaan tämä meidän elämämme? Merellä uiva pursi, josta tiedämme varmasti vain sen, että jonakin päivänä se kaatuu. Tässä me nyt olemme, kaksi vanhaa kelpo purtta, jotka ovat uskollisesti pitäneet yhtä, ja etenkin on sinun kätesi vilpittömän avuliaana varjellut minua ”kaatumiselta”! Niin me siis tahdomme jatkaa tätä matkaamme ja toinen toisemme tähden *oikein pitkään!* oikein pitkään! – meidän tulisi niin ikävä toisiamme! Jotakuinkin tyyni meri ja suotuisat tuulet ja ennen kaikkea auringonpaiste – mitä toivon itselleni, sitä toivon sinullekin; ja on surullista, että kiitollisuuteni voi saada ilmaisunsa vain tällaisena *toiveena* ja ettei se lainkaan pysty vaikuttamaan tuuleen ja säähän!»

[33]Nietzsche olisi tahtonut lainata rahaa kirjojensa painokuluihin. Joulukuun 22. päivänä 1888 hän kirjoitti Overbeckille: »Lopultakin voisin ensimmäistä kertaa elämässäni lainata rahaa *painokuluihin,* koska lähivuosina ”maksukykyni” ei liene suinkaan vähäinen.» Vastauskirjeessään Overbeck oli ilmeisesti epäillyt Nietzschen maksukykyä, mikä oli epäilemättä ärsyttänyt Nietzscheä, joka uskoi »Ecce homosta» otettavan useampia painoksia kuin Émile Zolan »Nanasta».

Vastaanottaja: Erwin Rohde,[34] Heidelberg

Torino, 4. tammikuuta 1889

Mörykarhulleni Erwinille

Silläkin uhalla, että taas kerran närkästytän sinut sokeudellani suhteessa Monsieur Taineen,[35] joka taannoin sepitti Vedan, rohkenen siirtää sinut jumalten joukkoon ja rinnallesi kaikkein ihanimman jumalattaren…

Dionysos.

---

[34]Erwin Rohde (1845–1898), saksalainen filologi, professori Kielissä, Jenassa, Tübingenissä, Leipzigissä ja viimein Heidelbergissä, Nietzschen ystävä. Nietzsche ystävystyi Rohden kanssa opiskeluaikoinaan Leipzigissä (1865–1869).
[35]Hippolyte Taine (1828–1893), ranskalainen kirjallisuudentutkija ja filosofi.

Vastaanottaja: Carl Spitteler,[36] Basel (fragmentti)
Torino, 4. tammikuuta 1889

jumaluuteeni kuuluu: saan kunnian *kostaa* sen itselleni...

Dionysos

---

[36]Carl Spitteler (1845–1942), sveitsiläinen kirjailija. Der Bund -sanomalehti julkaisi 8. marraskuuta 1888 Spittelerin artikkelin »Nietzsches Abfall von Wagner» (»Nietzschen irtautuminen Wagnerista»).

Vastaanottaja: Heinrich Wiener,[37] Leipzig

Torino, noin 4. tammikuuta 1889

Herra oikeudentuomari[38] tohtori Wienerille

Vaikka te olette osoittanut minulle sen kunnian, että pidätte »Wagnerin tapausta» Wagnerin kannalta tuhoisana, rohkenee sanottu Wagner yhtä kaikki asettaa dekadenssinsa maailmanhistoriallisen syyntakeettomuuden avulla päivänvaloon – in lucem aeternam...[39]

Dionysos.

---

[37]Heinrich Wiener (1834–1897), saksalainen lakimies. Nietzsche tapasi Wienerin kesällä 1887 Sils-Mariassa. Myöhemmin samana vuonna hän lähetti tälle tuoreen kirjansa »Moraalin alkuperästä».

[38]Alkuteksti: Reichsgerichtsrath.

[39](Lat.) ikuiseen valoon.

Vastaanottaja: »Loistavat puolalaiset»

Torino, noin 4. tammikuuta 1889

Loistaville puolalaisille

Minä kuulun teidän joukkoonne, olen vielä enemmän puolalainen kuin olen Jumala, tahdon antaa teille kunniaa, niin kuin minä kykenen kunniaa antamaan... elän teidän keskuudessanne Matejona...[40]

Ristiinnaulittu

---

[40]Jan Matejko (1838–1902), puolalainen taidemaalari. Jo ennen hulluksi tulemistaan Nietzsche kuvitteli olevansa puolalainen. »Ecce homossa» hän kirjoittaa: »Minä olen puolalainen aatelismies pur sang [puhdasverinen], johon ei ole sekoittunut tippaakaan huonoa verta, vähiten saksalaista.» »Mutta puolalaisenakin olen julmettu atavismi. On palattava vuosisatoja ajassa taaksepäin, ennen kuin tätä ylhäisintä koskaan maan päällä esiintynyttä rotua tavataan yhtä puhdasvaistoisena kuin minä sitä edustan.» Huhtikuussa 1888 Georg Brandesille lähettämässään pienessä elämäkerrassa Nietzsche kertoo: »Esi-isäni olivat puolalaista aatelisväkeä (Niëzky); näyttää siltä, että tyyppi on säilynyt hyvin, huolimatta kolmesta saksalaisesta "äidistä". Ulkomailla minua pidetään yleensä puolalaisena; vielä viime talvena minut kirjattiin Nizzan vieraslistaan comme Polonais [puolalaisena]. Minulle sanotaan, että pääni esiintyy Matejon maalauksissa.»

Vastaanottaja: kardinaali Mariani,[41] Rooma

Torino, noin 4. tammikuuta 1889

Rakkaalle pojalleni Marianille...

Minun rauhani olkoon sinun kanssasi! Tulen tiistaina Roomaan osoittamaan kunnioitustani hänen pyhyydelleen...[42]

Ristiinnaulittu.

---

[41]Mariano Rampolla del Tindaro (1843–1913), italialainen kardinaali. Rampolla oli kardinaalivaltiosihteeri 1887–1903.

[42]Hänen pyhyytensä Paavi Leo XIII (1810–1903; pontifikaatti 1878–1903). Nietzsche kuvitteli tapaavansa paavin tiistaina 8. tammikuuta. Samana päivänä Overbeck saapui Torinoon hakemaan Nietzscheä.

Vastaanottaja: Umberto I[43]

Torino, noin 4. tammikuuta 1889

Rakkaalle pojalleni Umbertolle

Minun rauhani olkoon sinun kanssasi! Tulen tiistaina Roomaan ja tahdon tavata sinut hänen pyhyytensä paavin ohella.

Ristiinnaulittu

---

[43]Umberto I (1844–1900), Italian kuningas (vallassa 1878–1900).

Vastaanottaja: Badenin hallitsijasuku

Torino, tammikuun alku 1889

Badenin hallitsijasuvulle

Lapseni, ei ole hyväksi sekaantua hulluihin Hohenzollereihin,[44] vaikka te olettekin, Stéphanien[45] kautta, minun rotuani... Vetäytykää vaatimattomasti yksityiselämään, saman neuvon annan Baijerille...

Ristiinnaulittu

---

[44]Fredrik I (1826–1907), Badenin suurherttua 1857–1907, oli sekaantunut »hulluihin Hohenzollereihin» menemällä 1856 naimisiin Vilhelm I:n tyttären kanssa.
[45]Stéphanie de Beauharnais (1789–1860), Napoleonin adoptiotytär, oli Badenin suurherttuan Karlin (1786–1818) puoliso vuodesta 1806 alkaen ja niin muodoin Badenin suurherttuatar 1811–1818.

Vastaanottaja: Jakob Burckhardt, Basel[46]

6. tammikuuta 1889.[47]

Rakas herra professori,

loppujen lopuksi olisin paljon mieluummin baselilainen professori kuin Jumala; mutta en ole rohjennut viedä yksityisegoismiani niin pitkälle, että olisin sen vuoksi jättänyt maailman luomatta. Kuten näette, on tehtävä uhrauksia, asuinpaikasta ja elämäntavasta riippumatta. – Olen silti varannut itselleni pienen opiskelijanhuoneen, joka sijaitsee vastapäätä Palazzo Carignanoa (– jossa minä olen syntynyt Vittorio Emanuelena)[48] ja jonka työpöydän ääressä voin sitä paitsi kuunnella sitä upeata musiikkia, jota soitetaan alapuolellani Galleria Subalpinassa.[49] Maksan 25 fr. huoneesta ja palvelusta, huolehdin teeni ja kaikki ostokset itse, kärsin risaisista saappaista ja kiitän taivasta joka hetki *vanhasta* maailmasta, jota varten ihmiset ei-

---

[46]Tästä viimeisestä, Jakob Burckhardtille Baseliin lähetetystä hulluuskirjeestä on ilmestynyt Niin & näin -lehden numerossa 4/2014 Jarkko S. Tuusvuoren suomennos, joka on varustettu taustoittavin huomautuksin.

[47]Postileiman mukaan kirje on lähetetty jo 5. tammikuuta. Ilmeisesti Nietzsche oli mennyt sekaisin päivissä(kin).

[48]»Ecce Homossa» Nietzsche kirjoittaa: »Muutin takaisin samaan asuntoon, jossa olin asunut keväällä, via Carlo Alberto 6, III, vastapäätä mahtavaa palazzo Carignanoa, jossa Vittore Emanuele on syntynyt, asunnosta avautuu näkymä piazza Carlo Albertolle ja sen ylitse kukkuloille.» Mainittu Vittorio tai Vittore on Viktor Emanuel II (1820–1878), yhdistyneen Italian ensimmäinen kuningas (vallassa 1861–1878).

[49]Galleria Subalpina on suuri kauppagalleria lähellä Nietzschen Torinon asuntoa.

vät olleet tarpeeksi yksinkertaisia ja hiljaisia. – Koska minut on tuomittu viihdyttämään seuraavaa ikuisuutta huonoilla vitseillä, minulla on tässä kirjoituspuuhaa, joka ei oikeastaan jätä toivomisen varaa, kovin somaa eikä lainkaan rasittavaa. Posti on 5:n askeleen päässä, sullon kirjeet sinne itse käydäkseni grande monden[50] suuresta följetongistista.[51] Olen tietysti Figaron[52] kanssa läheisemmissä suhteissa, ja jotta saisitte käsityksen siitä, kuinka harmiton voin olla, kuulkaa ensimmäiset kaksi huonoa vitsiäni:

Älkää ottako Pradon tapausta liian raskaasti. Minä olen Prado, olen myös Pradon isä,[53] rohkenen sanoa, että olen myös Lesseps…[54] Tahtoisin antaa pariisilaisilleni, joita rakastan, uuden käsitteen – säädyllisen rikollisen käsitteen. Minä olen myös Chambige – niin ikään säädyllinen rikollinen.[55]

---

[50](Ransk.) suuri maailma.

[51]Alkuteksti: Feuilletonisten.

[52]Le Figaro, ranskalainen sanomalehti.

[53]Prado oli espanjalainen murhaaja, joka tuomittiin kuolemaan Pariisissa marraskuussa 1888 ja teloitettiin joulukuun lopulla. Hän oli murhannut prostituoidun Pariisissa tammikuussa 1886, mutta hänen syyllisyytensä tuli ilmi vasta pari vuotta myöhemmin. Tapauksesta kirjoitettiin laajasti eurooppalaisissa sanomalehdissä. Joulukuun 8. päivänä 1888 Nietzsche kirjoitti August Strindbergille: »*Hereditaarinen* rikollinen [*hereditäre* Verbrecher] on dekadentti, jopa idiootti – ei epäilystäkään! Mutta rikollissukujen historia, jota varten englantilainen Galton ("the hereditary genius") on kerännyt laajimman aineiston, palautuu aina ihmiseen, joka on *liian väkevä* tietylle sosiaaliselle tasolle. Viimeisin suuri rikollistapaus Pariisissa, Prado, oli klassinen tyyppi: Prado oli itsehillintänsä, esprit'nsä [henkevyytensä] ja ylimielisyytensä ansiosta ylivertainen jopa tuomareihinsa, asianajajiinsa verrattuna; siitä huolimatta syytteen *paine* oli murtanut hänet fysiologisesti jo siinä määrin, että jotkut todistajat tunnistivat hänet vasta vanhoista muotokuvista.» Samassa kirjeessä Nietzsche kehuu »Ecce homoa»: »Kirja ei ole myöskään pitkäveteinen, – olen kirjoittanut sen paikoin jopa "Pradon" tyylillä…»

[54]Ferdinand de Lesseps (1805–1894), ranskalainen diplomaatti, joka rakennutti Suezin kanavan. Lesseps vastasi Panaman kanavan rakentamisesta 1880-luvulla, mutta rakennustyö takkuili ja koko hanke päättyi lopulta Panama-skandaalina tunnettuun korruptioskandaaliin.

[55]Henri Chambige (1865–1909), oikeustieteen opiskelija ja kirjailijantynkä. Chambige murhasi tammikuussa 1888 rakastajattarensa, oman kertomansa mukaan tämän

Toinen vitsi. Tervehdin kuolemattomia Monsieur Daudet kuuluu quaranteen[56]

Astu.[57]

Mikä on epämiellyttävää ja häiritsee vaatimattomuuttani, on, että oikeastaan minä olen historian jokainen nimi; niiden lastenkin kanssa, jotka olen saattanut maailmaan, on niin, että pohdiskelen jokseenkin epäluuloisesti, eivätkö kaikki, jotka tulevat »Jumalan valtakuntaan», tulekaan myös Jumala*sta.* Tänä syksynä olin, niin vähissä pukeissa kuin mahdollista, kaksi kertaa omissa hautajaisissani, ensin conte Robilantina (eipäs, hän on minun poikani, sikäli kuin minä olen Carlo Alberto, luontoni pohjalla)[58] mutta Antonelli minä olin itse.[59] Rakas herra professori, teidän täytyy nähdä tämä

---

pyynnöstä, minkä jälkeen hän yritti tappaa itsensä. Hänet tuomittiin seitsemäksi vuodeksi pakkotyöhön marraskuussa 1888 Algerian Constantinessa. Tapauksesta kirjoitettiin laajasti eurooppalaisissa sanomalehdissä. Le Figarossa julkaistiin 11. marraskuuta 1888 ranskalaisen kirjailijan Maurice Barrèsin artikkeli »La sensibilité d'Henri Chambige» (»Henri Chambigen herkkyys»).

[56]Alphonse Daudet (1840–1897), ranskalainen kirjailija, jonka vuonna 1888 ilmestynyt romaani »L'immortel» (»Kuolematon») ivailee Ranskan akatemiaa. Ranskan akatemiaan kuuluu quarante eli neljäkymmentä jäsenestä, joita kutsutaan kuolemattomiksi. Daudet itse ei kuulunut »kuolemattomiin».

[57]Kukaan ei tiedä, miksi Nietzsche on allekirjoittanut vitsinsä nimimerkillä Astu.

[58]Marraskuun 13. päivänä 1888 Nietzsche kirjoitti ystävälleen Franz Overbeckille: »Saimme näinä päivinä kokea *suurten* hautajaisten synkeän loiston, hautajaisten, joihin koko Italia otti osaa: Conte Robilant, piemontelaisen aatelin ihailluin tyyppi, jota paitsi kuningas Carlo Alberton luonnollinen poika, kuten täällä tiedetään. Hänessä Italia on menettänyt päämiehen, joka ei ole korvattavissa.» Carlo Felice Nicolis eli kreivi Robilant (1826–1888) oli diplomaatti ja Italian ulkoministeri 1885–1887. Carlo Alberto eli suomalaisittain Kaarle Albert (1798–1849) oli Sardinian kuningas (vallassa 1831–1849).

[59]Alessandro Antonelli (1798–1888), italialainen arkkitehti, joka kuoli Torinossa 90-vuotiaana lokakuun 18. päivänä. Joulukuun 30. päivänä Nietzsche kirjoitti Heinrich Köselitzille: »Osallistuin vielä ikivanhan Antonellin hautajaisiin, tämän vuoden marraskuussa. – Hän eli täsmälleen siihen asti, kunnes *Ecce homo,* kirja, oli tullut valmiiksi. – Kirja ja *ihminen* lisäksi...» Kuitenkin 13. marraskuuta Nietzsche oli kirjoittanut Köselitzille, että »Ecce homo» syöksähti esiin [sprang hervor] lokakuun viidennentoista ja marraskuun neljännen päivänä välisenä aikana.

rakennus;[60] koska olen tyystin kokematon niissä asioissa, jotka luon, kuuluu kaikki kritisointi teille, olen kiitollinen voimatta luvata saavani hyötyä. Me artistit emme ole opetettavissa. – Tänään olen katsonut operettini – nerokkaan-maurilainen –,[61] tässä tilaisuudessa sain myös mielikseni todeta, että nyt Moskova niin kuin Roomakin ovat suurenmoisia asioita. Nähkäähän, lahjakkuuteni on kiistämätön myös maisemaa koskevissa asioissa. – Harkitkaa, vietämme kauniin kauniin rupattelutuokion, Torino ei ole kaukana, käsillä ei ole järin vakavia ammattivelvollisuuksia, lasillinen veltlineriä[62] olisi hankittavissa. Puvun neglige[63] säädyllisyysvaatimus.

Sydämellisesti rakastaen teidän
Nietzsche

---

[60]Kysymyksessä lienee Antonellin suunnittelema Mole Antonelliana.

[61]Ilmeisesti tässä on kysymyksessä Federico Chuecan (1846–1908) ja Joaquín Valverden (1846–1910) säveltämä zarzuela »La Gran Vía», jonka libreton on kirjoittanut Felipe Pérez y González (1854–1910). Joulukuun 16. päivänä 1888 Nietzsche kirjoitti Heinrich Köselitzille: »Rakas ystävä, käsitteen "operetti" merkittävä laajennus. *Espanjalainen* operetti. *La gran vía,* kuunnellut sen *kaksi* kertaa – Madridin päävetonaula. Yksinkertaisesti mahdoton importoida: sitä varten täytyy olla vaistomaisesti lurjus ja kirottu ketale – ja samalla *juhlava... kolmen juhlavan vanhan jättimäisen kanaljan tertsetti on väkevintä, mitä olen kuullut *ja nähnyt – myös* musiikkina: nerokasta, ei lainkaan luokiteltavissa...»

[62]»Ecce homossa» Nietzsche kirjoittaa: »Alkoholijuomat ovat minulle haitallisia; lasi viiniä tai olutta päivässä riittää aivan hyvin tekemään elämästäni "murheen laakson", – Münchenin asukkaat ovat antipodejani.» »Minun pitäisi olla kristitty uskoakseni, että viini *tekee hilpeäksi,* siis uskoa jotakin, mikä juuri minulle on absurdia.» Veltliner-viiniä Nietzsche oli nauttinut ennenkin, ja sangen epämiellyttävin seurauksin. Heinäkuussa 1874 hän vietti aikaa Sveitsin Bergünissä, mistä hän kirjoitti sisarelleen Elisabethille: »Paljon ja iloisesti en ole vielä työskennellyt, minua estää pieni ummetus, jonka on aiheuttanut hyvä Veltliner-viini.» Ystävälleen Franz Overbeckille hän kirjoitti: »Tähän mennessä olemme nähneet: lähellä Albula-siltaa kallion, joka erottaa toisistaan kaksi yksinäistä vuoristolaaksoa, joihin se antaa näkymän, tälle kalliolle minä aion rakentaa itselleni tornin: sen sivulaaksossa rikkilähteen, jonka vettä olemme ottaneet pulloihin ja tuoneet mukanamme hotellille parantaaksemme sillä (Veltliner-viinin aiheuttaman) obstruktion».

[63](Ransk.) siivottomuus, huolittelemattomuus.

Huomenna tulee poikani Umberto armaan Margheritan kanssa,[64] mutta heidätkin otan vastaan vain täällä paitahihasillani. *Loput* rouva Cosimaa varten… Ariadne… Aika ajoin tehdään taikoja…

Kuljen kaikkialla opiskelijantakissani, taputan silloin tällöin jotakuta olkapäälle ja sanon: siamo contenti? son dio, ho fatto questa caricatura…[65]

Olen käskenyt panna Kaifaksen kahleisiin; minutkin ovat saksalaiset lääkärit viime vuonna sangen pitkällisellä tavalla ristiinnaulinneet. Wilhelm Bismarck[66] ja kaikki antisemitistit hävitetty.

Te voitte käyttää tätä kirjettä millä tahansa tavalla, joka ei alenna arvoani baselilaisten silmissä. –

---

[64]Umberto I (1844–1900), Italian kuningas (vallassa 1878–1900), ja hänen puolisonsa kuningatar Margherita (1851–1926).

[65](Ital.) olemmekos tyytyväisiä? olen jumala, olen tehnyt tämän ilveilyn.

[66]Wilhelm von Bismarck (1852–1901), saksalainen poliitikko, Otto von Bismarckin nuorin poika. On kuitenkin todennäköistä, että nimien välissä pitäisi olla pilkku, missä tapauksessa Wilhelm olisi Saksan keisari Vilhelm II ja Bismarck olisi Otto von Bismarck.

DIONYSOS-DITYRAMBIT

»Dionysos-dityrambit» kuuluu Nietzschen viimeisen terveen vuoden hedelmiin, tai »lahjoihin», kuten filosofi itse luomisvoimaisimman syksynsä töitä nimitti. Teos koostuu yhdeksästä vapaarytmisestä runosta, joista kolme – »Vain narri! Vain runoilija!», »Erämaan tyttärien joukossa» ja »Ariadnen valitus» – sisältyy pääpiirteissään samassa asussa Nietzschen pääteoksen »Näin puhui Zarathustra» vuonna 1885 painettuun ja alun perin vain pienelle piirille jaettuun neljänteen osaan.

Dityrambikokoelma on viimeinen kirja, jonka parissa Nietzsche työskenteli. Ilmeisesti hän viimeisteli sitä vielä vuoden 1889 ensimmäisinä päivinä. Joka tapauksessa tammikuun kolmantena hän kirjoittaa Cosima Wagnerille, että »eräs jumalallinen ilveilijä on näinä päivinä saanut valmiiksi Dionysos-dityrambit». Samana päivänä hän ilmoittaa olevansa voittoisa Dionysos, heittävänsä paavin vankilaan ja määräävänsä Bismarckin ammuttavaksi – näyttää siten siltä, ettei kirja valmistunut hetkeäkään liian aikaisin. Kokoelman runot julkaistiin lopulta vuonna 1891 »Zarathustran» neljännestä osasta otetun toisen painoksen liitteenä.

Vaikka dityrambi eli Dionysokselle omistettu ylistyslaulu on ikivanha antiikin runolaji, Nietzschelle ei tuottanut vaikeuksia pitää itseään dityrambin varsinaisena isänä. »Minä olen dityrambin keksijä», hän kirjoittaa »Ecce homossa». Ajatus perustuu siihen, että Nietzsche on Zarathustran keksijä ja isä. »Mitä kieltä sellainen henki puhuu puhuessaan yksin itselleen», Nietzsche kysyy Zarathustraan viitaten ja vastaa: »*Dityrambin* kieltä.» »Minun koko Zarathustrani on dityrambi yksinäisyydelle, tai, jos minut on ymmärretty, *puhtaudelle...*» Jos mitään Zarathustran kaltaistakaan ei ollut olemassa ennen Nietzscheä, ei Zarathustran kieltäkään voinut olla, ennen kuin Nietzsche keksi sen. Niinpä Nietzschen *täytyy* olla myös dityrambin keksijä.

Aarni Kouta julkaisi vuonna 1909 Dionysos-nimisen valikoiman Nietzschen runoja, joka sisältää seitsemän yhdeksästä Dionysos-dityrambista. Valikoimasta puuttuvat »Petolintujen parissa» ja »Rikkaimman köyhyydestä». Näistä jälkimmäinen on ilmestynyt suomeksi aikaisemmin niteessä »Wagnerin tapaus & Nietzsche contra Wagner» (Books on Demand, 2018), mutta käsillä olevaan kirjaan runon käännöstä on korjattu.

Numero selityksen edessä merkitsee sivunumeroa, hakasulkeisiin sijoitettu teksti palvelee viitemerkintänä.

ERÄMAAN TYTTÄRIEN JOUKOSSA

15 [Terve, terve meripedolle tuolle] Sanalla »meripeto» on tässä käännetty sana »Walfisch» eli sananmukaisesti »valaskala».

15 [te ymmärrättekö / oppineen viittaukseni] Tässä viitataan profeetta Joonaan, joka vietti kolme päivää ja kolme yötä suuren kalan vatsassa. Täsmällisemmin sanottuna viittauskohde on Matteuksen evankeliumi (Matt. 12:40), jonka mukaan Joona oli nimenomaan »walaskalan watzas», kuten Agricola suomentaa (Uuden kirkkoraamatun mukaan »meripedon vatsassa»). Samoin oli Luther omassa raamatunkäännöksessään puhunut valaskalasta: »Denn gleich wie Jonas war drey tage vnd drey nacht in des Walfisches bauch». Joonan kirjassa ei kuitenkaan puhuta valaskalasta, vaan vain kalasta: »Vnd Jona war im leibe des Fisches» (Joon. 2:1).

16 [Dudu ja Suleika] Dudu esiintyy Byronin runoelman »Don Juan» kuudennessa laulussa. Suleika puolestaan esiintyy Goethen runokokoelmassa »West-östlicher Divan».

17 [tämän kielisynnin] Tämä kielisynti on tietysti edellä esiintyvä keinotekoinen verbi »ympärisfinksittää», »umsphinxen».

17 [kuusta pudonnut on] Vrt. »Zarathustran» toinen osa, luku »Ennustaja» (Aarni Koudan vanhassa Zarathustra-suomennoksessa luvun otsikkona on »Tietäjä»): »Olemme kyllä korjanneet sadon: mutta miksi kaikki hedelmämme ovat mätiä ja ruskeita? Mitä putosi maahan häijystä kuusta viime yönä?» Tässä ei ole puhujana Zarathustra, vaan ennustaja.

17 [se oliko sattumaa / vai ylimielisyyden tekoa] Vrt. »Zarathustran» kolmas osa, luku »Ennen auringonnousua»: »Totisesti, siunaus se on eikä riena, kun minä opetan: "kaikkien olioitten yllä on sattuman taivas, viattomuuden taivas, päämäärättömyyden taivas, ylimielisyyden taivas."» (Aarni Koudan Zarathustra-suomennoksessa ei puhuta ylimielisyyden taivaasta, vaan ylpeyden taivaasta, kuten myös J. A. Hollon suomennoksessa.)

17 [niin kuin kertovat vanhat runoilijat] Nämä vanhat runoilijat ovat ilmeisesti ennustaja ja Zarathustra, ks. kaksi edellistä selitystä.

19 [Erämaa kasvaa: voi sitä, ken erämaita sisällään kantaa] Tämä ja seuraavat viisi säettä ovat kokoelman ainoat, jotka ovat varsinaisesti mitallisia ja loppusoinnullisia. Tässä suomennoksessa muoto on uhrattu sisällön hyväksi. Aarni Kouta menetteli omassa suomennoksessaan päinvastoin ja säilytti muodon sisällön kustannuksella:

Ken erämaita kätkee, surman saa!
Lyö kiveen kivi, nielee erämaa.
Iäinen kuolo katsoo hehkuen
ja pureksii –, se elämää on sen...

Inehmo oi, min himo liekkiin saa: sa – kivi olet, kuolo, erämaa...

PETOLINTUJEN PARISSA

22 [julmin Nimrod] Nimrod oli »suuri metsästäjä Jumalan armosta». Ks. 1. Moos. 10:8–12.

HULLUUSKIRJEET

Tammikuussa 1889 Nietzsche kirjoitti joukon hämmentäviä kirjeitä, joita saksankielisessä maailmassa kutsutaan yleisesti sanalla »Wahnsinnszettel» tai »Wahnzettel». Suomessa näyttää vakiintuneen tavaksi puhua »hulluuskirjeistä». Nimitys ei kenties ole poliittisesti korrekti, mutta se on joka tapauksessa parempi ja neutraalimpi kuin olisi esimerkiksi »kuppakirjeet» – viitaten siihen edelleen jokseenkin yleiseen uskomukseen, että Nietzschen »hulluksi tulemisen» aiheutti ilotalosta nuorena mukaan tarttunut syfilis.

Aivan yksiselitteistä ei ole kirjeiden jakaminen hulluihin ja – terveisiin? järkeviin? johdonmukaisiin? (missä meneekään hulluuden raja?) Tapana on pitää kaikkia tammikuun 1889 kirjeitä hulluuskirjeinä. Kuitenkaan muutamat niistä eivät sisällä mitään erityisen hullua, ja toisaalta jo joulukuussa Nietzsche kirjoitti joitakin tolkuttomia, suorastaan harhaisia kirjeitä. »Hulluuskirjeiden» asemesta tässä kirjassa julkaistuja kirjeitä voitaisiinkin kutsua yksinkertaisesti »vuoden 1889 kirjeiksi», koska mukaan on otettu, perinteitä kunnioittaen, Nietzschen kaikki vuonna 1889 kirjoittamat kirjeet, olivatpa ne hulluja tai eivät.

Kirjeet eivät ole filosofisesti erityisen antoisia, kuten arvata saattaa, mutta ne ovat kiehtovia avatessaan äärimmilleen kärjistetyn näkymän siihen ajatusmaailmaan, jossa Nietzsche viimeisinä terveinä kuukausinaan eli ja toimi. Tästä ajatusmaailmasta kumpuaa myös paria kuukautta aikaisemmin kirjoitettu omaelämäkerrallinen »Ecce homo». Saatamme huvittua Nietzschen suuruudenhulluista kuvitelmista, mutta hänen kohtalossaan – hänen, jonka »sisin luonto» oli *amor fati* – ei ole mitään huvittavaa. Hulluuskirjeetkin ansaitsevat vakavan tulkinnan.

Vuosi 1888 oli Nietzschelle käänteentekevä. Torinossa majaileva filosofi alkoi vähitellen saada kauan kaipaamaansa huomiota. Tanskalainen kulttuurivaikuttaja Georg Brandes piti keväällä Kööpenhaminan yliopistossa suositun luentosarjan Nietzschen filosofiasta, ja August Strindberg – »todellinen nero», kuten Nietzsche tuon tuostakin muisti mainita – alkoi liittää kirjeisiinsä loppukaneetiksi pontevan kehotuksen: »Lukekaa Nietzscheä!» Skandinavia olisi tuota pikaa valloitettu. Samaan aikaan kuului Ranskastakin hyviä uutisia: Jean Bourdeau oli kiinnostunut saksalaisfilosofista, ja Hippolyte Taine – »Ranskan tärkein filosofi», kuten Nietzsche häntä luonnehti, »kirjoitusteni suuri ihailija» – sanoi kirjeitse pari mairittelevaa sanaa »Epäjumalten hämärästä», jonka Nietzsche oli hänelle lähettänyt. Ja venäläinen »Madame la Princesse Anna Dmitriewna Ténicheff», luonnollisestikin »Pietarin hurmaavin ja henkevin nainen» ja Nietzschen kirjojen »suuri palvojatar», oli kirjoittanut ja lähettänyt filosofille »lähes rakkaudentunnustuksen».

Joulukuun 29. päivänä, vain vähän ennen lopullista romahdusta, Nietzsche kirjoittaa ystävälleen Meta von Salisille kirjeen, jossa hän tekee lyhyen yhteenvedon orastavasta menestyksestään: »Olen alkanut saavuttaa mainetta täysin ennenkuulumattomalla tavalla. En usko, että vielä koskaan on kuolevainen saanut sellaisia kirjeitä kuin minä saan ja vain ja ainoastaan *valikoiduimmalta* älymystöltä, suurten velvollisuuksien ja asemien koulimilta luonteilta. Kaikkialta: ei vähimmin Pietarin korkeimmasta seurapiiristä. Ja ranskalaiset! Teidän pitäisi kuulla, millaisella äänensävyllä Ms. Taine minulle kirjoittaa! Vastikään minulle lähetti lumoavan, ehkä lumoutuneenkin kirjeen eräs Ranskan tärkeimmistä ja vaikutusvaltaisimmista miehistä, joka aikoo ottaa asiakseen kirjoitusteni tunnetuksitekemisen ja kääntämisen: ei vähäisempi kuin Journal des Débats'n ja Revue des deux Mondes'n päätoimittaja Ms. Bourdeau. Hän mainitsee minulle, että J. d. Déb. julkaisee tammikuussa "Wagnerin tapauksen" arvostelun – kirjoittaja? *Monod* [Gabriel Monod (1844–1912), ranskalainen historioitsija]. – Lukijoideni joukossa on todellinen nero, ruotsalainen August Strindberg, joka kokee minut kaikkien aikojen syvällisimmäksi hengeksi.» »Georg Brandes matkustaa tänä talvena taas Pietariin pitääkseen esitelmiä hirviö Nietzschestä. Hän on todellakin erinomaisen älykäs ja hyvä ihminen, en ole vielä koskaan saanut yhtä hienovaraisia kirjeitä.» – Kuuluisuuden tähtikuvio oli vihdoin nousemassa Nietzschen taivaalle.

Kirjoitustöiden saralla vuosi oli ollut erityisen satoisa: »*Kaikkien arvojen uudelleenarvostelu [Antikristus], Dionysos-dityrambit* sekä, virkistykseksi, *Epäjumalten hämärä* – kaikki tämän vuoden lahjoja, jopa viimeisen neljännesvuoden!» Luetteloon on lisättävä vielä »Ecce homo», josta sitaatti on peräisin, sekä »Wagnerin tapaus» ja »Nietzsche contra Wagner». Nämä kuusi kirjaa Nietzsche kirjoitti tai työsti vuoden 1888 aikana, enimmäkseen syksyllä ja pääasiassa Torinossa, joskin niistä vain yksi, »Wagnerin tapaus», ehti ilmestyä saman vuoden puolella.

Syksyllä 1888 Nietzsche oli täysin vakuuttunut maailmanhistoriallisesta merkityksestään. Asia tulee harvinaisen selväksi hänen kirjeistään ja varsinkin loka-marraskuussa kirjoitetusta ja joulukuussa korjaillusta ja täydennetystä »Ecce homosta». Näistä teksteistä pilkahteleva egomania ei kenties vaikuta tasapainoisen hengen kuohunnalta, mutta on hyvä muistaa, ettei vaatimattomuus aikaisemminkaan kuulunut Nietzschen hyveisiin. Jo maaliskuussa 1884 hän oli kirjoittanut ystävälleen Malwida von Meysenbugille: »Mutta pääasia on tämä: sielussani on asioita, jotka ovat sata kertaa raskaampia kantaa kuin bêtise humaine [inhimillinen typeryys]. On mahdollista, että minä olen kaikkien tulevien ihmisten kannalta kohtalokas tapaus, *itse* kohtalo – ja niinpä on *varsin mahdollista,* että eräänä päivänä minä mykistyn, rakkaudesta ihmisiin!!!» Paria kuukautta myöhemmin, 22. toukokuuta 1884, hän kirjoitti Heinrich Freiherr von Steinille (josta hän toivoi saavansa opetuslapsen, mutta joka toive murskautui viimeistään von Steinin ennenaikaiseen kuolemaan): »Nimittäin: se laki, joka minua määrää, minun *tehtäväni,* ei jätä minulle aikaa siihen [Bayreuthissa vierailuun]. Poikani Zarathustra saattaa paljastaa teille, *mitä* minussa on meneillään; ja jos saan itseltäni kaiken *tahtomani,* olen kohtaava kuoleman tietoisena siitä, että tulevat vuosituhannet vannovat korkeimmat valansa minun nimeeni.»

Kirjailijankyvyistäänkin Nietzschellä oli jo tuolloin kovin korkea käsitys. Helmikuun 22. päivänä 1884 hän kirjoitti ystävälleen Erwin Rohdelle: »Mutta sinulta, joka olet homo litteratus, en tahdo pidättää erästä tunnustusta – olen sitä mieltä, että tällä Zarathustralla olen täydellistänyt saksan kielen. *Lutherin* ja *Goethen* jälkeen oli tarpeen ottaa vielä kolmas askel –; katsohan, vanha sydänkumppani, ovatko voima, notkeus ja soinnikkuus vielä koskaan esiintyneet kielessämme *samalla tavalla* yhdessä.»

Niinpä Nietzschen estotonta itseylistystä, jota monet hänen loppuvuoden 1888 teksteistään pursuavat, ei tarvitse ymmärtää ilman muuta sairaudesta johtuvaksi. Nietzschellä oli ylipäätään taipumusta itsetehostukseen, ja hänellä oli jo ennestään suuret luulot omasta merkityksestään. Kenties kauan kaivatun menestyksen ensisarastuksen myötä hänellä niin sanotusti nousi päähän, minkä seurauksena hänen suuruudenhulluutensa viimeisetkin pidäkkeet murtuivat, ja lopputuloksen voimme lukea esimerkiksi »Ecce homon» sivuilta.

Mutta vaikka »Ecce homo» sisältää, kohteliaasti sanottuna, varsin erikoisia näkemyksiä, siinä ei ole mitään suoranaisesti harhaista. Siinä ei hourailla. Nietzschen kirjeissäkään ei esiinny merkittävää todellisuudesta vieraantumista ennen joulua – joskin voidaan kysyä, ovatko esimerkiksi sellaiset mahtipontiset julistukset kuin »minulla on voima muuttaa *ajanlasku»* (kirje Paul Deussenille 26. marraskuuta) tai »vanha Jumala on kumottu ja tästä lähtien minä itse hallitsen maailmaa» (kirje Meta von Salisille 8. joulukuuta) harhaisia vai vain egomaanis-megalomaanisia purskauksia. Yhtä kaikki joulun jälkeen kirjeissä alkaa näkyä selviä ja kiistattomia merkkejä tulevasta mielenpimeydestä.

Joulukuun 26. päivänä Nietzsche kirjoittaa Franz Overbeckille: »Työstän juuri promemoriaa Euroopan hoveille, tavoitteena on saada aikaan antisaksalainen liiga. Tahdon kiristää ”valtakunnan” ympärille rautaisen paidan ja provosoida epätoivoisen sodan. Käteni eivät ole vapaat, ennen kuin olen saanut käsiini nuoren keisarin *kaikkine* lisukkeineen. Meidän kesken! *Vain* meidän kesken! – Täydellinen sieluntyven! Kymmenen tuntia rikkumatonta unta!»

Joulukuun 30. päivänä Heinrich Köselitzille: »Sitten kirjoitin, sankarillis-aristofaanisen ylimielisyyden tunnossa, julistuksen Euroopan hoveille, että Hohenzollereiden hallitsijasuku on *tuhottava*, nämä helakanpunaiset idiootit, tämä rikollisrotu, joka yli 100 vuotta oli hallinnut Ranskan valtaistuinta ja Elsassia, kun minä tein Victor Buonapartesta, meidän Laetitiamme veljestä keisarin ja nimitin oivallisen Ms. Bourdeauni, Journal de Débats'n ja Revue des deux Mondes'n päätoimittajan hovini ambassadoriksi, – sen jälkeen söin päivällistä kokkini luona (– hän ei suotta ole nimeltään de la Pace –)». »Minun hovissani tullaan puhumaan saksaa: *sillä* ihmiskunnan korkein kirja on kirjoitettu saksaksi...»

Joulukuun viimeisenä päivänä August Strindbergille: »Hyvä herra, saatte kohtapuoliin kuulla vastauksen novelliinne – se kuulostaa kuin *haulikonlaukaukselta...* Olen käskenyt ruhtinaspäivät koolle Roomaan, aion määrätä nuoren keisarin ammuttavaksi. Näkemiin! *Sillä* me näemme vielä... Une seule condition: Divorçons... [Yksi ehto: Eroamme]» Kirjeen on allekirjoittanut »Nietzsche Caesar».

Näitä katkelmia voitaneen jo pitää harhaisina sanan varsinaisessa merkityksessä, sikäli kuin niissä ei ole kysymys leikinlaskusta (kuten ainakin Strindbergille lähetetyn kirjeen tapauksessa voisi olla). Kaikesta huolimatta Nietzsche kirjoitti joulukuun lopulla ja vielä tammikuun alussa aivan tolkullistakin tekstiä.

Nietzschen sairastuminen ei tietenkään tullut ilmi vain kirjeistä, vaan myös käytöksestä, ja ensimmäinen, joka huomasi jotakin olevan vialla, oli filosofin vuokraisäntä Davide Fino perheineen. Nietzsche alkoi repiä seteleitä ja kirjeitä, hän paukutti pianoa ja laulaa hoilotti, mölisi ja möykkäsi, ja hulluimpina hetkinään hän tanssi alasti dionyysisessä hurmoksessa. Ja kun posti kieltäytyi ottamasta vastaan Italian kuningasparille osoitettuja kirjeitä, Nietzsche antoi kirjeet Finoille pyytäen heitä toimittamaan ne perille.

Eräänä päivänä Nietzsche ilmoitti tahtovansa poistaa huoneensa seiniltä kaikki taulut, koska huoneen oli määrä näyttää temppeliltä. Myöhemmin hän tuli ylettömän hyväntuulisena kertomaan isäntäväelleen, että oli suuren juhlan aika, kaupungin kadut oli valaistu ja kuningas ja kuningatar olivat tulossa Torinoon vieraillakseen hänen temppeliksi muutetussa huoneessaan. Tästä Italian kuningasparin vierailusta Nietzsche mainitsee myös viimeiseksi jääneessä, Jakob Burckhardtille lähetetyssä kirjeessään.

Finot miettivät kuumeisesti, mitä tehdä oudoksi käyneen vuokralaisensa kanssa. He olivat huomanneet Nietzschen lähettelevän viestejä professori Overbeckille, ja niin he päättivät itsekin sähköttää tälle, Nietzschen läheisimmälle ystävälle ja vanhalle Baselin kollegalle, ja kertoa, mitä Torinossa oli meneillään. Samoihin aikoihin Overbeck sai Nietzscheltä itseltään mielipuolisen viestin, jossa tämä kertoi antavansa ampua kaikki antisemitistit, ja päälle päätteeksi Jakob Burchardt tuli näyttämään hänelle Nietzscheltä saamaansa sekapäistä kirjettä. Overbeck katsoi parhaaksi matkustaa Torinoon.

Tunnetun ja usein toistetun tarinan mukaan Nietzschen lopullista romahdusta edelsi kohtaaminen hevosen kanssa. Kerrotaan, että filosofi näki ajomiehen pieksevän tottelematonta hevosta Torinon kadulla. Nietzsche, jonka sydän ei kärsinyt nähdä viatonta eläinparkaa rääkättävän, ryntäsi kyynelsilmin hevosen luo ja tarrautui sen kaulaan suojatakseen sitä ajomiehen iskuilta, mutta lyyhistyi sitten voimattomana kadulle nyyhkyttämään. Uteliaita torinolaisia kerääntyi pian paikalle ihmettelemään ja päivittelemään julkiseksi spektaakkeliksi muuttunutta saksalaisprofessoria. Joku sentään ym-

märsi käydä ilmoittamassa tapahtuneesta myös Nietzschen vuok-
raisännälle, joka tiedon saatuaan kiirehti pikimmiten paikalle ja vei
murtuneen, kyynelehtivän vuokralaisensa kotiin.

Kirjailijat, runoilijat ja ylipäätään ihmiset, joita ei ole pilattu an-
keilla insinöörinaivoilla, ovat aina tunteneet vetoa tähän ihmeelli-
seen tarinaan. Elämään kelpaamattomille perikatoa toivottava, sää-
liä halveksuva, psykopaattisia luonteenpiirteitä ihaileva jumalan-
tappaja ja metafysiikan ja moraalin kumoaja ei lopulta kestänyt
oman korkeuksien filosofiansa musertavaa painoa: ihminen voitti
yli-ihmisen, filosofi lankesi Zarathustran viimeiseen kiusaukseen.

Mutta varhaisin säilynyt tieto Nietzschen ja hevosen kohtaami-
sesta Torinon kadulla on yli kymmenen vuotta itse tapahtumaa
myöhäisempi, eikä tapahtuman kuvaus tässä varhaisimmassa läh-
teessä tue edellä kerrotun ihmeellisen tarinan todenperäisyyttä, jos
kohta ei kumoakaan sitä. Kolmisen viikkoa Nietzschen kuoleman
jälkeen, 16. syyskuuta 1900, julkaistiin italialaisessa Nuova Antolo-
gia -lehdessä Nietzscheä käsittelevä artikkeli, jota varten toimittaja
oli haastatellut Finoja. Artikkelin mukaan Davide Fino oli eräänä
päivänä via Po -katua käyskennellessään törmännyt väkijoukkoon,
jonka keskellä oli oleskellut hänen vuokralaisensa kahden vartio-
miehen pitelemänä. Kun Nietzsche oli huomannut vuokraisäntän-
sä, hän oli heittäytynyt tämän käsivarsille, ja Finon oli helposti on-
nistunut ylipuhua vartiomiehet luovuttamaan saksalaisprofessori
hänen hoiviinsa. Vartiomiehet olivat kertoneet löytäneensä Nietz-
schen läheltä yliopistoa: filosofi oli roikkunut hevosen kaulassa eikä
ollut suostunut päästämään irti – ja siinä kaikki: väkivaltaisesta
ajomiehestä saati pahoinpidellystä hevosesta artikkelissa ei puhuta
sanaakaan. On mahdollista, että nämä dramaattisimmat elementit
ovat runollista sepitettä. Joka tapauksessa ne näyttävät ilmestyvän
tarinaan vasta myöhemmin.

Nietzscheen ja hevosiin liittyvänä kuriositeettina voidaan vielä
mainita, että puolisen vuotta ennen luhistumistaan, 13. toukokuu-
ta 1888, tuolloin jo Torinossa, Nietzsche kirjoitti tuttavalleen

Reinhart von Seydlitzille kummallisesta tuokiokuvasta, jonka hän edellisenä päivänä oli mielessään kuvitellut: »Talvimaisema. Vanha ajomies, joka brutaalia, ympärillä vallitsevaa talveakin ankarampaa kyynisyyttä ilmentäen laskee vetensä oman hevosensa päälle. Hevonen, kaltoinkohdeltu eläinparka, katselee ympärilleen kiitollisena, *hyvin* kiitollisena». Tässä erikoisessa mielikuvassa hevosensa päälle ankarassa talvipakkasessa virtsaavasta raakalaisesta voi myöhempien tapahtumien valossa ehkä nähdä jotakin enteellistä.

Hevostapauksen päivämääräksi annetaan usein tammikuun kolmas. Tämä ajoitus sopii yhteen sen seikan kanssa, että tuona päivänä Nietzschen kirjeissä näyttäisi tapahtuvan pysyvä muutos: aiemmat kirjeet ovat vielä suurimmaksi osaksi tolkullisia, mutta tammikuun kolmantena filosofin »apoteoosi» näyttää tulleen valmiiksi: tästä lähtien ei puhu enää Nietzsche, vaan Jumala, Dionysos, Ristiinnaulittu, eikä hän enää kirjoita mitään järjellistä.

Overbeck saapui Torinoon 8. tammikuuta. Myöhemmin hän kertoi ensikohtaamisestaan sairaan Nietzschen kanssa: »Astuin hänen huoneeseensa, näin hänet sohvalla puolittain makaavassa asennossa, kädessä paperiliuska, ja kiiruhdin häntä kohti, hänkin huomasi minut, ja ennen kuin ehdin hänen luokseen, hän poukkasi rajusti pystyyn, ryntäsi minua vastaan, heittäytyi syliini ja puhkesi vuolaisiin, kouristusten saattelemiin kyyneliin, hän toisteli nimeäni epätoivoisen hellästi, mutta muutoin ainoa kieli, johon hän tokeni, oli hänen kaikkia jäseniään puistava tärinä, joka tuon tuostakin purkautui intohimoisiin syleilyihin. Minun tarvitsi vain pysyä jaloillani ja säilyttää tasapainoni voidakseni saatella hänet pehmeästi ja turvallisesti takaisin istuimelleen, mikä kaikki olisi minulta surkeasti epäonnistunut, jos minun jo tuolloin olisi ollut mahdollista nähdä tuon hetken lävitse ja ymmärtää se Nietzschen sammuneen ihmisyyden kouristelevaksi ohimeneväksi elpymiseksi, mitä se todellisuudessa oli ja minä se minulle myös varsin pian vähintäänkin alkoi kajastaa, vaikka kokonaan asianlaita valkeni minulle vasta vähitellen jälkeenpäin. Istuimme vieretysten sohvalla, minä tietyssä mielessä helpotuksestakin huokaisten, kuitenkin herkeämättömän, kiusallisen jännityksen vallassa, Nietzsche vähitellen taas asettuen, mutta "asettuen" taas mihin? Siihen raivohulluuden tilaan, joka tuolloin oli hänelle ominainen ja jonka vain tuo jälleennäkemisen ensihetki niin ihmeellisellä tavalla oli pitänyt aisoissa.» (»Erinnerungen an Friedrich Nietzsche», Die neue Rundschau, 1906, I, s. 326)

Seuraavana päivänä Overbeck matkusti Nietzschen kanssa takaisin Baseliin. Junassa Nietzsche puhkesi laulamaan sepittämäänsä »Gondolilaulua» (joka on julkaistu kirjoissa »Ecce homo» ja »Nietzsche contra Wagner»):

Sillankannella seisoin
ruskeassa yössä äskettäin.
Kaukaa laulu kantautui:
se pisaroita kumpusi kultaisia
veden värisevän kalvon viedä.
Gondolit, valot, musiikki –
se juopuen ui pois hämärään…

Sieluni, kielinä soipa,
lauloi itselleen, näkymättömän koskettamana,
salaa gondolilaulun,
kirjavaa autuutta väristen.
– Sitä kuuliko kukaan?…

Niin Nietzsche jätti jäähyväiset Torinolle, kaupungille, josta hän vain vajaata vuotta aikaisemmin, keväällä 1888, kaupunkiin vasta saavuttuaan, oli kirjoittanut: »Tunnetteko Torinon? Siinä on minun mieleiseni kaupunki. Jopa ainoa mieleiseni. Rauhallinen, melkein juhlava. Klassinen seutu jalan astua ja silmän katsoa (kiitos ensiluokkaisen katukiveyksen ja keltapunaruskean värisävyn, jossa kaikki sulautuu yhdeksi). Henkäys hyvää kahdeksattatoista vuosisataa. Palatsit täällä ovat sellaisia, jotka vetoavat *meidän* aisteihimme: *eivät* mitään renessanssilinnoja. Ja että kaupungin keskeltä voi nähdä lumipeitteiset Alpit! Että kadut näyttävät johtavan luotisuorina vuorten siimekseen! Ilma kuivaa, ylevän-kuulasta. En olisi koskaan uskonut, että valo voi maalata kaupungin näin kauniiksi.» (Kirje Carl Fuchsille 14. huhtikuuta 1888)

Nietzsche eli viimeiset vuotensa haamuna Saksassa, oman mielensä hämärässä, ensin äitinsä, sitten sisarensa hoivissa. Ennen pitkää entisen kieliniekan ja saksantaiturin ulosanti oli kutistunut muutamiin hokemiin: »olen kuollut, koska olen tyhmä», »olen tyhmä, koska olen kuollut», »en pidä hevosista», »mehr Licht». Samaan aikaan Euroopan yli pyyhkäisi Nietzsche-innostuksen hyöky, jonka laineet löivät pohjanperäläisten asuinmaille asti. Nietzschen maallinen taival päättyi lopulta uuden vuosisadan kynnyksellä 25. elokuuta 1900, mutta hänen vaikutuksensa – hänen *varjonsa* – taival oli vasta alussa. Historia ei haljennut kahtia eikä ajanlasku muuttunut, mutta taiteilijat saivat uusia laulunaiheita.

> Den store jägaren är död...
> Hans grav draperar jag med varma blomgardiner...
> Kyssande den kalla stenen, säger jag:
> här är ditt första barn i glädjetårar.
> Gäckande sitter jag på din grav
> såsom ett hån – skönare än du drömt dig.
> Sällsamma fader!
> Dina barn svika dig ej,
> de komma över jorden med gudasteg,
> gnuggande sig i ögonen: var är jag väl?
> Nej, riktigt... här är min plats,
> här är min faders förfallna grav...
> Gudar – hållen evigt vakt på detta ställe.

> (Edith Södergran, »Vid Nietzsches grav»)

Katkelmia

Kaikki katkelmat ovat Nietzschen jälkeenjääneistä papereista syksyltä 1884.

Auringon-häijyys.

Ilmassa seljenneessä,
Kun kasteen lohtu jo
Alas maahan kumpuaa,
Näkymättä, kuulumattakin – sillä pehmein jalkinein kulkee
Lohduttaja kaste, lailla kaikkien lempeitten –
Sinä muistat silloin, sinä muistat, kuuma sydän,
Miten kerran janosit,
Taivaisia kastepisaroita
Palaneena ja uupuneena janosit,
Kun pehmeillä nurmi-teillä
Vaiteliaina iltaiset auringonkatseet
Tummien puitten lomitse ympärilläsi temmelsivät,
Häijyt auringon-hehkukatseet,
Mutta niin sinulta kysyi aurinko vaieten:
Miksi kannat sinä narri
Risaista naamaria?
Jumalten-naamaria? Kenen kasvoilta olet sen repinyt?
Etkös häpeä ihmisten joukossa jumalia
Himoiten nuuskia?
Kuinka usein jo!

Totuuden kosiskelija? minä siis ähkäisin –
Ei! Vain runoilija!
Naamareita himoitseva, itse naamioitu.
Risainen naamari itse! Jumalten-naamaripetos!

Ilmassa seljenneessä,
kun kuuhuen sirppi jo
vihertää seassa purppurapuuntojen
ja kateissansa hiippailee
– joka askeleella vaivihkaa
ruusu-riippumattoja
niittäen kunnes ne vaipuvat
alas yöhön kalpeina vaipuvat
kun se punaisempi
alati ja punaisempi,
kehnoa tekoa häveten, – – –

Lampaita.

Kotkaa katsokaa! kaihomielin se jäykkänä
alas kuiluun silmäilee,
omaan kuiluunsa, joka siinä
yhä syvempiin syvyyksiin kiertelee!
Äkkiarvaamatta, viivana liitäen,
terävänä kiitäen
syöksyy se saaliinsa kimppuun.
Luuletteko tämän *nälkää* olevan?
Suoliston-köyhyyttä? –
Eikä se rakkauttakaan ole
– mikä on karitsainen kotkalle!
Se vihaa lampaita
Näin minä syöksyn
alaspäin, kaihomielin,
näitä karitsa-laumoja
repien, verta tihkuttaen,
ivaa lauhkeita kohtaan
vimmaa karitsan-tyhmyyttä kohtaan – – –

Pahoja rakastaen.

Pelkäätte minua?
Pelkäätte jännitettyä jousta?
Voi, siihen voisi joku nuolensa asettaa!

Ah, ystäväni?
Minne on mennyt se, mikä hyväksyttiin!
Minne kaikki »hyvät»?
Minne, minne viattomuus kaikkien näitten valheitten!
Jotka kerran näkivät ihmisen
yhtä paljon Jumalana kuin vuohipukkina

Runoilija, joka valehdella voi
tieten tahtoen
Joka yksin totuutta puhua voi

»Ihminen on paha»
niin puhuivat vielä viisaimmatkin –
minulle lohduksi.

syntisen-terve ja kaunis
kuin kirjavatäpläiset petoeläimet

ken naisten ja kissojen lailla
salomaassa kotonaan on,
ja ikkunoista hypähtelee

mikä hiljaiseksi jäykäksi kylmäksi sileäksi tekee,
mikä kuvaksi ja pylvääksi tekee,
mikä temppeleitten eteen asetetaan,
näytille asetetaan
            – hyve –?

Totuuden kosiskelija? Näitkö hänet?
Hiljainen, jäykkä, kylmä, sileä,
Kuvaksi tullut ja pylvääksi, asetettu
Temppeleitten eteen – siis,
Tämäkö sinua himottaa?
Ei, naamareita sinä etsit
Ja sateenkaari-ihoja
Villikissan-kujemieltä, joka ikkunoista hypähtää,
ulos kaikkiin sattuman salomaihin!
Ei, aarniometsää sinä tarvitset
hunajaasi siemaistaksesi,
syntisen-terveenä ja kauniina
kuin kirjavatäpläiset petoeläimet

Nyt, kun päivä
Päivään uupui, ja kaiken kaipuun purot
Uutta lohtua solisevat,
kaikki taivaatkin, kulta-seitteihin ripustetut,
jokaiselle uupuneelle puhuvat: »rauhoitu nyt», –
miksi et rauhoitu, sinä tumma sydän,
mikä patistaa sinut jalkahaavain pakosalle

ketä odotat?

sinä epätoivoinen! – Tiedätkö myös, –
kuinka paljon rohkeutta valat niihin,
jotka sinua tarkkaavat

ah kuinka valitat!   minne joutuu pakomatkani?
ah keitä kaitset laitumella!
Vankeja vielä kaitset laitumella.
Kuinka turvallinen onkaan levottomille
sentään vankila!
kuinka rauhallisesti nukkuvat rikolliset
sielut, vangitut –

Nyt, koska hiiri synnytti vuoren –

Missä olet sinä luomisvoimainen?

Oi lämmittäkää minua! rakastakaa minua
antakaa kuumat kädet
älkää minun jäätäni säikähtäkö!
Liian kauan aavemaisena jäätiköillä – – –

ympäriinsä ajelehtinut, kieppunut
minkä peilin päällä en ole istunut –
minä tomu kaikilla pinnoilla
suunniltaan, ennen antautumista
koiran kaltainen

Ontto, luola, täynnä myrkkyä ja yölintuja
laulun ja pelon piirittämä,
yksin –.

Te maantierosvot! Teidän minä nyt olen!
Mitä tahdotte lunnaiksi?
Tahtokaa paljon – niin neuvoo ylpeyteni.
Ja puhukaa vähän – niin neuvoo toinen ylpeyteni.

Makaan hiljaa –
levälläni,
kuin puolikuollut, jonka jalkoja lämmitetään
– kuoriaiset pelkäävät minua

te pelkäätte minua? tekö *ette* pelkää jännitettyä jousta?
Voi siihen voisi joku nuolensa asettaa

6. Runoilija – luovan piina

Ah, maantierosvot! Nyt olen teidän
Mitä tahdotte, lunnaita?
Tahtokaa paljon – niin neuvoo ylpeyteni – ja puhukaa vähän:
                   niin neuvoo toinen ylpeyteni
neuvomista rakastan: helposti se minut uuvuttaa

minne joutuu pakomatkani?

Makaan hiljaa,
levälläni,
kuin puolikuollut, jonka jalkoja lämmitetään
– kuoriaiset pelkäävät vaitioloani
– odotan

Kaiken minä hyväksyn
Lehvät ja ruohon, onnen, siunauksen ja sateen

Käännökset perustuvat seuraaviin tekstilaitoksiin:

Friedrich Nietzsche: Werke. Kritische Gesamtausgabe. Toim. Giorgio Colli & Mazzino Montinari. Berlin/New York: de Gruyter, 1967–. VI/3, 1969; VII/3, 1974.

Friedrich Nietzsche: Briefwechsel. Kritische Gesamtausgabe. Toim. Giorgio Colli & Mazzino Montinari. Berlin/New York: de Gruyter, 1975–. III/5, 1984.